Ein Sommersonntag.
Wir fahren durch ein Gewerbegebiet
und sind an der Maas.
Gleich umgibt uns Stille.
Man könnte meinen, der September
sei einfach zu beschreiben:
Die Götter halten die Waage
eine zögernde Stunde an.
Der Himmel, das Licht,
die Schwalben und wir.
In was für kleinen Kreisen wir uns bewegen.
Der September hat etwas von Abschied.
Er ist leicht und gleichzeitig spürt man,
wie sich die Erde von der Sonne wegneigt.
Anhalten, hinlegen, in den Himmel schauen.
Langsam ziehen die Wolken.
Nichts müssen, nichts wollen.
Auf einer Fähre über den Fluss fahren,
am Ufer sitzen und
auf das Wasser schauen.

[redacted]

Über dieses Buch

Reise ist ein anspruchsvolles Wort, bis zum Rand mit Erwartungen gefüllt. Es soll schon etwas Besonderes sein. Und sogleich wird es eng. Vielleicht liegt die Weite zwischen den Sensationen. An Rhein und Maas, an Orten durchdrungen von Geschichte, an Weser und Saale, mitten in der Provinz. Erstaunlich, was für ein großer Sommer und wie viele Gedanken zwischen die Aller und die Wolga passen. Wenn man die Welt mit dem Rad erkundet, werden Flüsse fast von selbst zum Leitmotiv. Und damit der Weg ans Meer. Oder zu einer Quelle.

Frank Barsch

Und da ist immer noch Weite

Roman

Lothar Seidler Verlag
69126 Heidelberg, Leimer Straße 12

Einbandgestaltung: Lea Weber-Schäfer

ISBN 978-3-931382-68-1

Herstellung: tredition, Hamburg

Inhalt

Und da ist immer noch Weite

Kleine Flüsse im Herbst

Im Nebel ruhet noch die Welt,
Noch träumen Wald und Wiesen ...
Eduard Mörike

Vorspiel mit etwas Theater

Am Tag vor der Abreise platzt mir im Auge ein Äderchen. Ich sähe aus wie ein Zombie, sagt sie. Und das nur wegen der Post.
Ich habe einen Rechtsstreit begonnen und nun liegt die Vorladung zum Prozess im Briefkasten. Ich klage und rege mich darüber so auf, dass in mir etwas platzt. Es geht um Geld, eine gebrochene Rippe und meine Ehre. Also zu einem großen Teil um etwas Eingebildetes. Ganz nebenbei: Die gegenwärtige Renaissance der Ehre bereitet mir Unbehagen. Aber was heißt das für mich? Einerseits zu wissen, dass die Ehre, wie Minna von Barnhelm sagt, nicht mehr ist als die Ehre, und andererseits für ihre Wiederherstellung zu streiten?
In ein paar Monaten werde ich es genauer wissen. Eins ahne ich schon jetzt, es ist oft besser für einen selbst, von der Tragödie in die Komödie zu wechseln.

Die Bahn überrascht uns mit einer Vielzahl von Sparangeboten. Wir wählen das Schöne Wochenende und zwei Karten für unsere Fahrräder. Das heißt, fünfzig Euro für

viereinhalb Stunden mit dem Regional Express von Heidelberg durch das kurvige Hessen bis Hofgeismar-Hümme.
In unserem Wagen unterhält sich eine Gruppe Grauhaariger über die neuesten Apps und dann über die Zeit, als man sich in der DDR an Fernsprechern anrufen lassen konnte. Und R-Gespräche, erinnert ihr euch? Ich erinnere mich: Wir gingen zum Telefonieren zur Oma. Der erste Fernseher stand in der Kneipe gegenüber.

Dann erreichen wir Kassel, die glänzende Documenta-Stadt mit ihren vielen großen Schatten. Auf dem Bahnhof werden wir von Polizisten empfangen. Sie schauen wenig interessiert an uns vorbei. Einer der Beamte, ein schmächtiger älterer Polizist, pickt eine Schwarze aus den Ankommenden heraus und verlangt ihren Ausweis. Sie empört sich in perfektem Deutsch. Warum nur fremdartig aussehende Menschen nach dem Ausweis gefragt würden, warum immer sie?
Wir bleiben stehen. Ausweis, sagt sie, und hält einen Moment inne, das sei in diesem Zusammenhang ein seltsames Wort.

Im Backshop kaufe ich eine XXL Brezel. Andere gibt es nicht. Ich habe nur einen Fünfzig-Euro-Schein. Aber den kann die Verkäuferin nicht wechseln. Ein Kunde meint, er könne das machen und zieht aus seiner Jackentasche einen Briefumschlag mit einem dicken Bündel großer und kleiner Geldscheine. Die Frau mischt sich ein: Geben Sie mir fünf, ich gebe ihm vier und Sie ihm den Rest. Im nächsten Moment halte ich einen Haufen kleiner Scheine und auch Münzen in der Hand und weil ich nicht misstrauisch wirken will, stecke ich sie, ohne nachzuzählen, ins Portemonnaie. Schon als ich den Laden verlasse, fühle ich mich betrogen. War das ein Wechseltrick? Während ich zum Bahnsteig gehe, schaue ich nach: Vierundfünfzig!

Das letzte Stück fahren wir mit einer Regiotram. Hinter Kassel beginnt sofort die Landschaft. Hümme liegt in der Kurve einer Bahnlinie am nördlichen Rand Hessens. Hier muss jetzt irgendwo der Anfang von unserem Radweg sein.

Die Sonne scheint. Es ist windig und warm, kühl und schwül, einzelne Wolken im Blau. Der September kann ein Betrüger sein mit seinem harmlos wirkenden Nachmittagssommer. Aber wir kennen den Wetterbericht. Genau hier sollen heute die Ausläufer eines Atlantiktiefs und ein Hoch über Südeuropa dramatisch aufeinandertreffen.

Wir rollen den kleinen mäandernden Fluss entlang: Der blaue Himmel unverstellt, herbstkräftig die gedämpfte Welt. Eine großzügige Gegend mit geheimnisvollen Kurven. Die Sonne schneidet scharfe Schatten aus der Landschaft heraus. Ein Licht wie im April. Hier und da eine Wassermühle. Im großen Bogen um die Trendelburg herum. Der Weg führt über einen ehemaligen Bahndamm. Ab und zu kommt uns ein Radfahrer entgegen.

Und dann, wie aus dem Nichts, ein Schauer, ein kleiner Sturm. Der Regen saust waagerecht durch die Luft. Wir finden im Windschatten von ein paar Bäumen Schutz.

Das ist er also, der kalte über das Land jagende Tiefausläufer. Die Pferde auf den Weiden lassen den kalten Regen gleichgültig über sich ergehen.

Wer denkt schon beim Anblick der schmalen Diemel ans Meer? Doch, dieses silbrige Band hat etwas von der ganz großen Weite. Einen Hauch. Und diese Weite stellt sich beim Schreiben wieder ein. Zusammen mit einer Ruhe, die fast schon zur Stille tendiert. Eine beruhigende, den ganzen Körper erfassende Stille. Dass Schreiben so sein kann. Dass man im Schreiben in einer Landschaft sein kann, mit Sonne und Wolken. Wolken, die ihre Schatten über die Felder ziehen. Im Spiel mit diesen Wörtern ist Weite: ein Fluss, der Himmel, das Blau, das Grün, die Provinz im Lauf der Zeit. Keine Idylle. Eine Landschaft aus Sprache.

Bad Karlshafen, eine Stadt in weiß. Der Ort leuchtet inmitten des satten dunklen Grüns, das an seinen Rändern die Hügel hinauf strebt. Am Hafen setzten wir uns vor ein Café aus den sechziger Jahren. Die Chefin hat das Renteneintrittsalter längst überschritten. Zwei Kaffee, sage ich. Pott? fragt sie. Ja, sage ich. Alles klar, antwortet sie. Der Kuchen, den sie bringt, schmeckt, als hätte sie ihn selber gebacken.
Essen, schauen und die Zeit vergehen lassen. Auf dem Klo hängt der Griff für die Spülung an einer Kette vom Wasserkasten herunter. Früher, der eine oder die andere wird sich erinnern, wurde »gezogen«, wo heute gedrückt wird.

Die Chefin tritt vor die Tür wie eine Figur aus einem Wetterhäuschen. Sie schaut mit einem mürrischen Gesicht zum Himmel, schüttelt sich, als würde ein Eimer Kälte über ihr ausgeleert und sagt: Jetzt wird's schäbbig. Was für ein Wort. Wo kommt das her? Die Antwort, mein Freund, kennt nur der Wind. Und der Duden. Es wird hergeleitet von Schabe, Schäbe, Krätze und Schafräude. Sowie von abgeschabt aussehend. Eine Bedeutung, die vom Bild des räudigen Schafes bestimmt ist. Also räudiges Wetter. Schöne Aussichten.

Früher konnte man mit etwas Salz und einem kleinen Hafen wohlhabend werden. Die Hugenotten, die Bad Karlshafen bauten, hatten einen ausgeprägten Sinn für Geometrie. Bleibt die Frage, ob man täglich durch so berechenbare Straßenzüge spazieren möchte. Vielleicht war so eine Ordnung einmal eine Erholung von der wilden Umgebung in einer undurchschaubaren Welt.

Wir übernachten im Prinz Carl. Beim Abendessen sitzt in meiner Blickrichtung die dickste Frau, die ich je gesehen habe. Ihr Profil verschwindet fast vollständig, wenn ihr Gesicht ins Doppelkinn sinkt. Wenn sie den Kopf dreht, sieht es so aus, als wäre sie einmal hübsch gewesen. Was für ein Satz, was für ein seltsames Urteil. Das heißt doch, dass sie hübsch ist. Mit ihrer Tischnachbarin unterhält sie sich über eine Frau, die Essstörungen hat.

Abendspaziergang, eine herbstliche Kälte. Die Weser ist ein lebhafter Fluss.

Die Landschaft, der Zufall

Sonntagmorgen. Nebel und Stille. Noch träumen Wald und Wiesen. Dann kratzt vor unserem Fenster ein Besen in gleichmäßigen Strichen über das Pflaster. Kein Laubbläser.
Das Frühstück: Marmelade und Butter in diesen praktischen Plastikportionen. Das normale deutsche Brötchen erfüllt den Tatbestand der Körperverletzung. Ein Cocktail aus Enzymen, Emulgatoren und Pestiziden. Angebacken, tiefgefroren, aufgebacken. Dahinter verbirgt sich ein Kreislauf aus landwirtschaftlicher Industrie, Subventionen, verlorenen Brötchen-Erfahrungen, nicht vorhandenen Brötchen-Erwartungen und Politikern, die uns zu Verbrauchern degradieren.

Als wir uns aufmachen, löst sich gerade der Nebel von der Oberfläche des Flusses. Windstille. Über uns eine Wolkendecke, wie gesteppt. An den Nähten goldene Streifen. Vorbei an den Hannoverschen Klippen. Wir verlassen Hessen. »Der Weser-Radweg«, meldet unser Reiseführer, »bleibt autofrei am rechten Ufer und schwingt vor dem stillgelegten Siedewasserreaktor Würgassen zur Landstraße, die ans linke Flussufer führt.«
Die Hochspannungsmasten schneiden noch immer durch die Landschaft. Oder sind sie schon ein Teil davon, ein Kulturerbe wie alte Wind- und Wassermühlen.

Die Weser fließt munter vor sich hin. Der Himmel bekommt blaue Flecken. Sofort wird es warm. Im Schlosspark von Wehrden versperren hundertjährige Bäume den Blick vom Droste-Turm auf den Fluss. *Ich steh auf hohem Balkone am Turm und drunten seh ich am Strand, so frisch wie spielende Doggen, die Wellen. O, springen möchte ich hinein alsbald und jagen durch den korallenen Wald. Wär ich ein Mann doch mindestens nur, so würde der Himmel mir raten, nun muss ich sitzen so fein und klar, gleich einem artigen Kinde und darf nur heimlich lösen mein Haar.*

Ein Teil der Landschaft, könnte man vorsichtig formulieren, ist Zufall. Manchmal empfinden wir diesen Zufall als schön. Andererseits: Ein Park, der Lauf der Weser, der Wechsel von Wäldern und Feldern ist von Menschen gestaltet. Auch das kann gelingen.

In Höxter fressen einem die Spatzen aus der Hand. Zwischen den mit Moderne aufgefüllten Weltkriegslücken beeindruckt das renovierte Fach- und Steinwerk. Es führt uns zurück bis in die Weserrenaissance. Die Sätze der Fremdenführer hallen über die Plätze und durch die Gassen. Im Mittelalter reichte der Ost-West Handelsweg von hier nach Magdeburg an die Elbe. Heute verbindet diese Städte der Radfernweg Nummer 1.
In Corvey blicken wir noch weiter zurück. Hier ist die Rede von Franken und Sachsenmission. Das einmalige Westwerk, eine Kirche vor der Kirche für Könige und Kaiser. Die Heiligenscheine der Schutzpatrone sehen von hinten aus wie kleine Propeller. Und dann schlendert ein gebildetes Paar auf den Eingang zu. Nein, mit Karlsruhe oder Bruchsal sei das nicht zu vergleichen. Da haben sie Recht.

Der Herbst ist pünktlich. Die Sonne verschwindet. Die gefühlte Temperatur schwankt zwischen kalt und kühl. Aber gibt es so was wie eine gefühlte Temperatur überhaupt? Ist auf das Thermometer gar kein Verlass? Was solls. Hauptsache, es bleibt trocken. Müde überqueren wir die Brücke zum alten Teil von Bodenwerder. Hier ist irgendwas seltsam. Vielleicht liegt das Städtchen zu sehr im Schatten von Höxter und Hameln. Oder ist es der bekannteste Sohn dieser Gemeinde: Baron von Münchhausen? Wir residieren mit Weserblick in einem labyrinthischen Hotel, in dem eine leichte Untergangsatmosphäre zu spüren ist. Als wir durch den Ort gehen, sagt sie, sie habe so ein Mafiagefühl, als gebe es da noch etwas hinter den harmlosen Kulissen.

Von den nächtlichen Protesten bekommen wir nichts mit. Während wir schlafen, wird Brennmaterial aus Sellarfield ins naheliegende Grohnde geliefert. Am folgenden Tag fahren wir auf der anderen Seite daran vorbei. Kühltürme am Fluss. Eine Informationstafel des Betreibers weist auf das »Gemeinschaftskernkraftwerk« hin. »Kernkraft« klingt gar nicht so übel.
Der graue Himmel hängt tief, und ab und zu fällt, wie im Wetterbericht angekündigt, etwas Regen. Die kleinen kalten Tropfen machen auf der Jacke ein knisterndes Geräusch. Gefühlt ist das kein Regen, eher eine prickelnde Feuchte.

Wir strampeln hügelauf und rollen hügelab durch die Rühler Schweiz. Und Hameln, das sagt uns der Reiseführer, ist das Elbflorenz des Nordens. Die Einwohner scheinen von alters her geschäftstüchtig zu sein. Schließlich haben sie eine wenig schmeichelhafte Geschichte zu einem Alleinstellungsmerkmal gemacht. Die vollständige Sage spricht nicht nur vom Kindesraub, sondern auch davon, dass die Hamelner den Rattenfänger für seine Arbeit nicht bezahlen wollten. Natürlich, hier gibt es Renaissance satt. So satt, dass man sich beim Stadtbummel irgendwann fragt, wie reich die Damen und Herren damals wohl waren, verglichen mit heutigen Millionären.

Rinteln. Wir müssen wieder über eine Brücke. Nach dem üblichen, an vielen mittelalterlichen Städten wie ein Kropf hängenden Umgehungsstraßenknäul landen wir in einer beruhigten Zone. Rinteln entpuppt sich als Perle. Aber im ersten Haus am Platz ist kein Zimmer mehr frei. Die freundliche Frau verweist uns an ein Hotel in einem Neubau neben der Brücke und damit neben dem Verkehrsknotenpunkt. Wir finden die Touristeninformation. Ja, es wäre alles voll, nur noch das neue Hotel an der Brücke habe noch Zimmer. Als wir rausgehen, sehen wir direkt gegenüber vom Tourismusbüro eine Konditorei mit einem Hotelschild. Dem gehen wir nach. Wir klingeln. Ja, sie haben was frei. Wir finden uns in einem liebevoll renovierten Fachwerkhaus wieder: Einfachverglasung, zahlreiche Treppen und jede der unzähligen Türen scheint in eine geheimnisvolle Geschichte zu führen. Unser Zimmer ist weiträumig, mit Fenstern nach Süden, Sonnenschein und Blick auf die Kirche, von deren Turm ab und zu eine feine, zurückhaltende Glocke herabklingt. Warum sollten wir unbedingt in den Neubau, rätseln wir noch eine Weile.

Gibt es da eine unterirdische Verbindung nach Hameln? Verschwinden da die Touristen?

Im späten Nachmittagslicht machen wir einen Rundgang durch die Stadt. Entspannt und lebhaft. Könnte in Frankreich sein. Hier gab es eine Universität, deren Schicksal eng mit der in Helmstedt verknüpft war. Gleichzeitig gegründet und unter Napoleon geschlossen. Göttingen hingegen gewann an Bedeutung, bis Heinrich Heine den Ruf der Universität nachhaltig geschädigt hat, heißt es. Das hat Helmstedt auch nicht wieder lebendig gemacht.

An der Weser ein Bild wie aus einem Kinderbuch: Auf einem Mauervorsprung sitzen drei Kinder, schweigen, wie tief in Gedanken versunken und schauen aufs Wasser. Was nach Langeweile aussieht, könnte auch Brüten oder Aushecken sein. Ein dicker Junge in einer Tarnweste und zwei Mädchen, ebenfalls nicht ganz dünn.
Später, wir sitzen im Ratskeller und blicken auf den Marktplatz. Ein heftiger Regenguss. Die beiden Mädchen erscheinen mit einem roten Schirm. Aus einem Springbrunnen schießt wie als Antwort auf den prasselnden Regen ein mächtiger Wasserstrahl. Eines der Mädchen stellt sich im Schutz des roten Schirms unter diese Fontäne. Die Andere darf natürlich nicht kneifen. Bald sind sie klatschnass, der Schirm geht kaputt. Als es kaum noch regnet, rollt der Junge mit der Tarnweste auf einem Fahrrad ins Bild. Er schaut ernst. Die Mädchen fassen sich an den Händen und gehen lachend mit ihm weg.

In unserem Hotelzimmer erfahren wir, was alte Fenster und Einfachverglasung bedeuten. Man hört die Gespräche auf der Straße, als stünde das Bett auf dem Gehweg. Isolierfenster hingegen halten, was sie versprechen.
Am Morgen ein Frühstück, wie wir es auf der ganzen Fahrt nicht mehr bekommen sollen. Kein Büfett, sondern Bedienung. Kaffee, oder lieber etwas anderes? Das Ei gerührt oder gekocht? Die Wirtin spricht mit einem anderen Gast über ihr Geschäft. Ja, vor ein paar Jahren standen sie vor der Entscheidung. Sie mussten alle Angestellten entlassen. Dann haben sie ganz auf das Hotel und das Café gesetzt. Nein, selber backen, bei dieser Konkurrenz, das lohnt sich einfach nicht mehr. Die Kunden haben sich an andere Preise gewöhnt. Und eine andere Qualität, vervollständigen wir den Satz in Gedanken.

Meeresblick

Der Wetterbericht wird von Tag zu Tag dramatischer. Man kann auch Grautöne schön finden. Heute geht es von Rinteln zum Steinhuder Meer. Im Bioladen kaufen wir ein paar Äpfel und eine Karte für das Schaumburger Land, ein Flicken aus der Zeit der deutschen Kleinstaaterei. Bei Steinbergen werden wir das Wesergebirge überqueren, dann über Bad Eilsen, am Militärflugplatz Achum vorbei zum Mittellandkanal, durch den Schaumburger Wald über die Rehburger Berge nach Steinhude.
Die abenteuerliche Tour führt abseits der großen Radwege und kleinen Flüsse quer durchs Land. Was als

anspruchsvolle Bergetappe beginnt, endet in den Wellen des ehemals gräflichen Fürstentums Schaumburg-Lippe als Survival-Erlebnis. Kann man Orte ohne Bäckerei und Gasthaus noch Dörfer nennen? Dreißig Kilometer keinen Kaffee, kein Bier, nicht mal einen Kanten trockenes Brot. Die Landschaft changiert zwischen langweilig und erhaben. Bei Wölpinghausen retten wir uns vor einem Wolkenbruch in ein hölzernes Bushäuschen: Haltestelle Meeresblickstraße. Ein Plakat preist »Zumba«, den Fitness-Tanz. Neue Kurse – Neue Kurse! Sporthalle Wölpinghausen. Meeresblickstraße, etwas seltsam klingt das schon für uns.

Nach dem Regen fahren wir auf dem Grat der Rehburger Berge Richtung Bergkirchen. Und plötzlich: der Meerblick! Nordöstlich von uns das dunkelgrau glänzende Steinhuder Meer, darüber in tiefstem Schwarz die abziehende Regenfront. Südöstlich im Sonnenschein der Deister, östlich die Kahlenberge und hinter, beziehungsweise unter der nächsten heranziehenden Wolkenbank liegt wohl Hannover.

Vielleicht ist Landschaft doch einfach nur Zufall. Die Eiszeit, die Warmzeit, der Mensch, das Verschwinden des Menschen. Und mit ihm verschwindet das, was eine Kategorie wie Zufall oder Schönheit erst anlegen kann. Auch der Mensch war nur Zufall. Aber das, was er tut, ist es nicht.

Wir sind erschöpft. Steinhude empfängt uns mit einem Schauer und einem Mangel an Unterkünften. Momentan ist nur ein Vermieter erreichbar. Wir machen uns im

nachlassenden Regen auf den Weg. Die Pension mit dem Namen »Im Naturpark« liegt an der Durchgangsstraße. Der Wirt ist so freundlich wie der Name seiner Pension wahr und der geforderte Preis unangemessen ist. Nach einem kurzen Wortwechsel fahren wir zurück zur Zimmervermittlung. Unter Aufbringung aller Kräfte gelingt es dem jungen Mann eine andere Unterkunft zu finden.
Aus unserem Fenster schauen wir nun tatsächlich auf die großen Bäume eines Parks. Das Ufer des Meeres ist zwei Minuten entfernt, die Wirtin von Haus Tiedemann norddeutsch korrekt, der Preis voll in Ordnung.

Meer ist dann doch irgendwie übertrieben. Aber der See ist beeindruckend weit. Am späten Nachmittag klart es auf. In der Sonne ist es warm, noch so ein südlicher Tag im September. Und dann der Sonnenuntergang. Wer hätte das gedacht.

Vom Meer an den großen Fluss

Die Nacht gehört dem Regen. Der Morgen auch. Frühstück in etwas verklemmter Pensionsatmosphäre. Um zehn Uhr fahren wir trotz Regen los. Der geht in ein Tröpfeln über, dann hört er tatsächlich auf. Die Luftfeuchtigkeit fühlt sich zwar noch an wie Niederschlag, aber unsere Stimmung steigt. Wir fahren über matschige Waldwege. Wunstorf. Irgendwann haben wir genug von Schauergefahr und Matsch. Wir nehmen den Zug und fahren nach Helmstedt.

Ich weiß nicht, ob ich es damals schon ahnte. Ich werde meinen Vater nur noch zwei Mal sehen. An Weihnachten und im Frühjahr. Als wir ankamen, erholte er sich gerade von einer Operation. Herzschwäche. Wegen der schweren körperlichen Arbeit hat er ein riesiges Herz. Aber er macht schon lange nichts mehr. Erst der Rücken, dann die Knie, neue Gelenke, jetzt das Herz.
Ich werde wohl bald verrecken, hat er dem Arzt gesagt. Der habe abgewiegelt. Ach was. Wir glauben das gern. Mein Vater zeigt mir seine Brust. Unter dem Schlüsselbein zeichnet sich der Defibrillator ab. Ein neues Ersatzteil, das aber nie anspringen wird. Eine vollkommen unsinnige Operation. Mein Vater, früher ein Ausbund an Kraft, ist in wenigen Monaten zum Greis geworden. Er wird kein Pflegefall werden, das ist nicht sein Stil. Er wird auch niemandem sagen, was man sonst noch so alles bei ihm diagnostiziert hat. Er entschließt sich zu einer weiteren Operation, invasiv, eine kleine, nicht ganz einfache Sache, die aber misslingt. Notoperation. Herzstillstand.

Wir sind jetzt hier, in einer kleinen Stadt mitten in Deutschland. Und da ist immer noch Weite. Wir schauen mit ihm zusammen Fernsehen. Seine Nachmittagsbeschäftigung. Quiz-Show. Hätten Sie gewusst, dass es in Niedersachsen mehr Schweine als Menschen gibt?

Wir seien verrückt, sagt mein Vater, zu dieser Jahreszeit mit den Fahrrädern unterwegs zu sein. Meinen Pessimismus habe ich wohl von ihm. Wir fahren mit dem Zug nach Magdeburg und kämpfen uns elbaufwärts aus der Stadt heraus. Keine blühenden Landschaften. Zerfallene Industrie und die zweite große Krise nach der Vereinigung. Gefühlt ist eigentlich immer Krise.

Der Oktober zeigt sein schönstes Gesicht: klare Kälte und Sonnenschein. Der Elberadweg ist etwas eintönig, die Sicht aber groß.

Wir übernachten in Barby. Am nächsten Morgen verlassen wir die Stadt Richtung Süden auf einem Feldweg, der parallel zum Elbdeich verläuft. Hier steht neun Monate später alles unter Wasser. Eines der größten Hochwasser in Mitteleuropa. Dann folgen die Jahre der Stürme, der Überschwemmungen, der Dürren und Waldbrände und die Jahre der Seuche. Klingt fast schon nach biblischen Plagen und Strafen. Aber davon wissen wir in diesem Moment noch nichts. Wir kämpfen bis Groß Rosenberg gegen den Wind, überqueren mit einer Fähre einen schmalen, harmlos wirkenden Fluss. Der Fährmann wünscht uns gute Fahrt.

Von nun an dominiert bei allen Ortsdurchfahrten Kopfsteinpflaster. Teststrecke für Räder und Handgelenke.

Nienburg. Die Stadt liegt auf einem Felsvorsprung über der Saale. Ein bisschen ausgestorben trotz historischem Glockenspiel auf dem Marktplatz. Zumindest ein Café. Kunden sind selten und werden entsprechend höflich und geduldig bedient. Überhaupt: Der Anhaltiner ist ein freundlicher Mensch. Ein anderer Radfahrer, der flussab unterwegs ist, warnt uns. Auf den nächsten fünfzig Kilometern keine Übernachtungsmöglichkeit. In unserem Reiseführer finden wir zwei Adressen. Ein Hotel ist belegt, aber eine private Pension kann uns ein Zimmer anbieten. In Könnern. Kein Problem, sagen wir. Wir kommen so gegen fünf. Falls sie nicht da seien, sagt der Vermieter, seien sie in der Kirche.

Wir mäandern an der Saale entlang, mal rechts, mal links, mal auf Asphalt, mal auf Vorkriegspflaster und mal auf Wegen, die eigentlich überhaupt keine Wege sind. Ein Mountainbike täte gut. An einer alten Villa hinter einer hohen Mauer hängt die Reichskriegsfahne aus dem Fenster. Männerstimmen. Sie fährt schneller, denn man könnte sie, so wie sie aussieht, für eine Türkin halten.
Auf der Suche nach blühenden Landschaften sind wir heute erfolglos.

Nach Könnern geht es lang und steil bergauf. Wir sind erschöpft, der Nachmittag ist erstaunlich warm, dazu das unverwüstliche Kopfsteinpflaster. Wir durchsuchen den Ort. Ah, da ist die Straße, die Nummer. Das muss es sein: Bestattungsinstitut. Da winkt schon der Hausherr. Jetzt verstehen wir »Kirche« plötzlich ganz anders. Der Mann ist für meine Begriffe zu freundlich. Das Zimmer in einem alten Stall ist unglaublich eng und alles ist auf die Enge abgestimmt wie in einer Kajüte. Er erklärt uns die von ihm selbst eingebauten Tricks. Im Hof eine gigantische Modelleisenbahn mit integriertem Goldfischteich. Von Maschendraht überspannt wegen der Katzen. Hier ist alles so putzig, dass man als Leser von Krimis gleich an einen Serienmörder denkt. Gibt es hier überhaupt noch andere Menschen? Eine Frau? Kinder? Vielleicht verschwinden zwischen Barby und Halle immer wieder spurlos arglose Radfahrer. Von meinem Verdacht erzähle ich ihr besser erst morgen. Sie geht ihm auf den Leim, findet ihn nett. Klar, das ist seine Masche. Und dann das Bestattungsinstitut. Wie praktisch. Im Zimmer ein Gästebuch. Die letzten Botschaften an die Lebenden, vielleicht verschlüsselte Warnungen aus dem Jenseits. Im ganzen Zimmer kein Staubkorn. Wahrscheinlich auch kein Fingerabdruck und keine DNA.

Sie fragt, wo wir was essen können. Er empfiehlt uns ein Gasthaus. Aber vorher machen wir noch einen Rundgang durchs Dorf. Diese Menschenleere zwischen den Häusern muss man erst mal ertragen. Da ist das Lokal. Drei Gäste, die eher wegen der Getränke hier sind. Wir bestellen. Sie sagt, ihr kämen die Ostdeutschen vor, als hätte man sie allein gelassen, ohne Moral, ohne Plan, von einem Tag auf den anderen.
Der Wirt ist einsilbig, das Essen gut. Wir sind gerade fertig, als das Telefon klingelt. Ja, klar, ja, gleich. Er kommt an unseren Tisch. Es tue ihm furchtbar leid, aber er müsse weg. Bei einer Feier ist eine Bedienung ausgefallen und er könne da aushelfen. Da würde er mehr verdienen als hier, das sähen wir ja selbst.

In der Nacht habe ich folgenden Traum: Ich sehe meinen Vater, so wie er noch vor kurzem war: dick und alt. Über seine Dickheit spannt sich eine rosige Haut. Er hält einen Säugling im Arm und wäscht ihn liebevoll. Beide sind nackt. Die runden Formen des Säuglings und seine pralle Dickheit passen gut zusammen, beide haben die gleiche rosige Haut. Ich stehe daneben und beobachte die Szene eine Weile. Dann sage ich: Ihr beide seid ja gar nicht zu trennen!

Am Morgen leben wir noch. Es gibt ein reichhaltiges Frühstück. Der Preis? Fünfunddreißig Euro, alles zusammen.
Unser nächstes Ziel ist Halle. Auf dem Weg entwickle ich ein Projekt. Fotos aus Deutschland, die aussehen, als wären sie von ganz woanders. Zum Beispiel, die »Brachwitzer Alpen«, abgeerntete Felder, hügelig, geschwungen, verlieren sich am Horizont. Könnte Andalusien sein. Fehlt nur der schwarze Stier von Osborne.

Wir nähern uns Halle von seiner schönsten Seite. Dass sie das ist, erfahren wir, als wir die Stadt Richtung Süden wieder verlassen.

An der Saale, ein Schäfer mit Herde und zwei Wölfen. Merseburg. Hier bleibt uns nur das Best Western. Und gleich fühlt man sich auch an so einem Ort wie überall.

In Weißenfels in einem Eiscafé. Drei Jungs mit heftigen Tätowierungen, die sich über die Schlägereien vom Wochenende unterhalten. Ich möchte aufstehen und rüber gehen, ihnen sagen, dass sie doof sind und herausfinden, ob ich sie verprügeln kann. Das, sagt später ein Psychologe, sei normal, wenn man selbst verprügelt worden ist. Aber man sollte derartige Übersprungshandlungen doch lieber lassen.

Naumburg. Dahinter kann sich Heidelberg verstecken. Hier steht Jesus am Kreuz. Und alle Fotos zeigen die

Uta von der falschen Seite. Über die Touristeninformation bekommen wir ein Hotel direkt neben dem Dom. Im Erdgeschoss gibt es ein gemütliches Lokal. Wir nähern uns, das spüren wir deutlich, einem Weinanbaugebiet. Der Wein ändert das Verhältnis zum Essen und das Verhältnis der Menschen zueinander.

Das schöne Wetter ist uns treu. Wir folgen den Kurven des Flusses. Im Windschatten des Harzes südliche Lagen, das Tal der Unstrut öffnet sich nach Norden, dorthin, wo Rotkäppchen wohnt. Wir rollen an Weinbergen vorbei, kämpfen uns über den Katzenberg zur Rudelsburg und weiter durch den immer wärmer werdenden Nachmittag. Irgendwann Jena. Aber kein freies Zimmer, nirgends. Noch eine halbe Stunde weiter die Saale entlang. Wieder Best Western. Aber diesmal mit individueller Note, sympathisch, etwas runtergekommen, Ausblick auf die Saalefelsen. Einwandfrei!
Jena ist durch seine Lage von den Auswirkungen des Klimawandels besonders betroffen. Die Reflexion der Sonnenstrahlen an den steilen Talhängen und der Wärme speichernde Muschelkalk erzeugen einen frühen Frühling, heiße Sommer, einen langen und warmen Herbst und milde Winter.

Irgendwie ist es Jena gelungen, das Neue mit den Resten des Alten zu verbinden.
Wir nehmen einen Zug über Weimar, den Thüringer Wald nach Würzburg und fahren am Neckar entlang nach Heidelberg zurück.

Von der Flasche lacht Tjil

Reise in die Geschichte

»Begräbt man Ulenspiegel, den Geist, und Nele, das Herz der Mutter Flandern? Auch sie kann schlafen; doch sterben, nein! Komm, Nele.« Und er zog mit ihr von dannen und sang sein sechstes Lied; doch wo er das letzte gesungen, weiß keiner.
Charles De Coster: Ulenspiegel

Über die Grenze

Im Fahrradwagen des Zuges treffen wir eine Belgierin. Sie war mit dem Rad in den Alpen. Die Landschaft in Belgien soll schön sein, sagen wir. Sie schaut überrascht und antwortet mit einem sympathisch weichen, fast lustigen Akzent: Ja, unsere Städte sind schön.

Im Zug ist es angenehm kühl. Draußen erwarten uns dreißig Grad. Warum suchen wir uns zum Verreisen immer die heißesten Tage aus? Oder gibt es jetzt einfach mehr heiße Tage?

Die größte Herausforderung bei Bahnreisen mit bepackten Rädern ist das Umsteigen. Und der Weg nach Belgien ist durch einige Richtungswechsel geprägt. Heidelberg, Mannheim, Köln, Düsseldorf. Ankunft Gleis neun, Abfahrt Gleis elf. Räder und Gepäck aus dem Zug, nach unten, durch die Unterführung und dann nach oben.

Kurz vor der Einfahrt eine Lautsprecherdurchsage: ... heute nicht von Gleis elf. Der Rest unverständlich. Wir laufen den schimpfenden Leuten hinterher. Am Aufzug eine Schlange. Also die Räder über die Treppe nach unten, durch die Unterführung, und wieder über die Treppe nach oben. Ist der Fahrradwagen jetzt am Anfang oder am Ende des Zuges? Egal, Hauptsache drin! Langweilig ist Bahnfahren nicht.

In Mönchengladbach hören wir, dass es morgen noch heißer werden soll.

Grenze. Immer wieder erstaunlich: Irgendwer hat hier irgendwann eine Linie gezogen und nachdem wir sie überschritten haben, sprechen die Leute eine andere Sprache. In Venlo wartet der Regionalzug nach Roermond. Von dort geht es weiter im IC. Fahrradmitnahme kein Problem. Aber ohne Klimaanlage. Wir sind erschöpft und verschwitzt.
Maastricht, die Stadt der Kriterien. Wenn sich Deutschland für eine Fahrradnation hält, was sind dann die Niederlande? Das Fahrradparadies? Eine wahr gewordene Utopie? So entspannt kann Stadt also sein. Hier Mittelalter und dort Moderne, dazwischen ganze Brücken exklusiv für Radfahrer und Fußgänger. Bewegungsfreiheit. Also Freiheit. Wenn man den Verkehr aber vom Auto her denkt, müssen die restlichen Verkehrsteilnehmer mit dem klarkommen, was übrig bleibt. Klingt nach einem Ungleichheitsregime.

Das ist also die niederländische Erzählung. Wenn man sich so umschaut, könnte man meinen, das sei eine lockere Geschichte. Ein Genrebild aus Frieden und Wohlstand, fast südländisch an diesem Spätsommerabend, warm, mild, das Licht schmeichelt der Stadt, die Menschen wirken entspannt.

Subventionen und Zinsen

Nach Maastricht gleich wieder eine Grenze. Eben noch Niederländisch, jetzt Französisch. Hier, in diesem westlichen Randbezirk von Belgien scheinen die Immobilienpreise im Vergleich zu den Niederlanden sehr viel niedriger zu sein. Wir rollen an einem Bach entlang. Ein paar Bunker und ein gigantischer Parkplatz.

Ein paar Kilometer weiter hören wir das erste Mal Flämisch. Drei Sprachen an einem Tag, was für eine Irritation. Es ist schwül. Landwirtschaft, wohin man schaut. Eine brennende Sonne in einem milchigen Himmel. Mais, Kartoffeln, Zwiebeln, Rüben und Birnen. Ab und zu Erntehelfer, die sich in einer slawischen Sprache etwas zurufen. Ernte und Helfer, eine seltsame Komposition. Genau betrachtet versteckt sich dahinter eine Diskriminierung.

Mais und Birnen, Birnen und Mais. Die älteste Stadt Belgiens: Tongeren. Hier die römische Stadtmauer, dort der Grote Markt mit dem Helden Ambiorix. Überlebensgroß, ein Schwert an der Seite und eine Axt in der Hand schaut er auf eine Kirchenfassade, über der Flugzeuge den Himmel mit Kondensstreifen schraffieren.

Was geht wohl in dem schnurrbärtigen Bronzekopf unter dem Flügelhelm vor?

36 Grad. Ihr Fahrrad macht plötzlich ein Geräusch. Das Pedallager. Wir versuchen es erst mal mit Öl.

Um die kleinen Orte herum scheint jemand wie beim Monopoly großzügig neue Häuser verteilt zu haben. Und er oder sie hat auf die breite Einfahrt vor die Doppelgarage als Bonus gleich noch einen schönen Mittelklassewagen gestellt. Es riecht nach Subventionen und niedrigen Zinsen. Aber was kommt, wenn alle Häuser gebaut und alle Autos gekauft sind? Too much to fail? Oder: Too hot to drive?

Mais, Birnen und weiße Rinder, die als lebendige Fleischberge auf den Wiesen stehen. Stundenlang fahren wir durch Birnenplantagen. So weit das Auge reicht Reihen aus kleinen Bäumen. Alle Bäume und alle Birnen sind gleich. Und es herrscht Stille, absolute Stille. Nicht das leiseste Summen eines Insekts.

Sint-Truiden. Die Zufahrtsstraße ist aufgerissen. Auch das Zentrum ist eine Baustelle. Das mit den großen Autos scheint in Belgien noch krasser zu sein als in Deutschland. Wir bezwingen das Chaos und versuchen im Umleitungslabyrinth unsere Richtung zu finden. Hitze, Erschöpfung und Orientierung, immer wieder das gleiche Spiel. Geschafft, da ist Wilderen! Wir übernachten in einem stillgelegten Bahnhof. Am Abend im Restaurant, kein Gericht ohne Fleisch. Die Leute sehr freundlich und locker.

Gedanken und Speck

Am Morgen heftiger Regen. Frühstück gibt es in einem alten Waggon auf einem Gleis neben dem Hotel.

Der Tag meint es gut mit uns. Erst kräftige Schauer, dann Tröpfeln, dann werden die Wolken hell. Es ist kühl. Ab und zu zwischen den Feldern ein Bach mit geschnittenen Pappeln. Ein grüner Blick in die Tiefe, Breughel blinzelt uns zu.

Am Mittag eine Libelle. Es wird heiß. Der Himmel changiert zwischen blau und weiß. Natur ist das nicht, was uns hier umgibt. Mais und die Reste von Gerste. Eine Kulturlandschaft würde ich das auch nicht nennen. Industrieanlagen vielleicht. Das heißt dann wohl, dass wir in einem Industriegebiet Urlaub machen.

Hin und wieder ein Gutshof oder ein Schloss. Jetzt wird klar, woher die ostflämischen Häuslebauer ihre Inspirationen beziehen. Wir fahren auf einer breiten schnurgeraden Straße durch die wellige Landschaft. Ein großer Himmel, kein Wind, kein Hauch. Neben dem Eingang zu einem Friedhof eine Bushaltestelle aus Beton. Weit und breit kein Haus, kein Mensch, keine Bewegung. Vor dem Eingang zum Friedhof vier bunte Recycling-container.

Jetzt sind wir im flämischen Brabant. Brabant, das klingt nach Kelten und Galliern, Römern, Franken, nach

Herzögen und Spaniern. Heute ist der Speckgürtel von Leuven ein Teil des Speckgürtels von Brüssel.

Die Landschaft wird kleinteiliger, kein Überblick, schwierige Orientierung. Ein Weg, der ständig die Richtung wechselt. Ein Waldgebiet, sandiger Untergrund und das Geräusch an ihrem Fahrrad fängt an zu nerven. Dorfstraßen, aber keine Menschen, keine Bar, kein Café, kein Laden. Vielleicht leben die Belgier in ihren Autos und ihren Häusern.
Die Belgier, gibt es die überhaupt? So wie die Deutschen? Nord, Süd, Ost, West und darüber gestülpt eine Erzählung, eine hier, eine dort, meistens zu kurz oder zu lang, mal für die einen, mal für die anderen von Vorteil.

Oud Heverlee. Wir sind in einem versteckt gelegenen Künstlerhaus gelandet. Es wird Abend und wir müssen noch etwas essen. Die Durchgangsstraße ist eine Baustelle. Wir suchen und suchen und können nichts finden, kein Restaurant, nicht mal einen Imbiss. Wir sprechen ein Paar an, das auf der frisch geteerten Straße einen Abendspaziergang macht. Ja, doch, da runter, da gibt es eine Pizzeria.
Wir landen in einem engen Lokal. Es sind noch zwei Plätze frei.
Auf dem Rückweg glauben wir, ein Ufo zu sehen. Aber es ist nur ein Brotverkaufsautomat, der sein grellweißes Licht in die Nacht streut. Ob es hier in der Fläche noch richtige Bäcker gibt?

Im Fernsehen heißt es, Grau sei das neue Bunt. Durch den Klimawandel, meint ein kluger Mann, das werde an so einem Tag jedem klar, würden wir mehr Klimaanlagen brauchen. Nur so könne die Produktivität der Menschen erhalten bleiben. Und in Herxheim in der Pfalz hängt im Kirchturm eine Glocke mit einem Hakenkreuz drauf. Der Bürgermeister meint im Interview, dass man auch mal darüber sprechen sollte, dass bei Hitler nicht alles schlecht war.

In der Nacht ein Gewitter. Das Regengeräusch. Ich liege wach und denke: Als ich klein war, war es normal, dass es alte, mittlere und junge Leute gab, dass der Opa mit sechzig einen Stock hatte und stöhnte; die Oma im Nachthemd einkaufen ging und die brennenden Kippen, wenn man sie beim Rauchen erwischte, einfach in irgendeine Schublade warf. Altsein gehörte zum Leben dazu.
Der Opa starb und wurde abtransportiert, von uns Kindern neugierig beäugt. Auch die lustige Oma starb irgendwann im eigenen Bett. Jetzt bin ich selbst bald so alt. Unfassbar, eine Frechheit. Die Kraft lässt nach, genau wie die Haut und andere Sachen. Die Zähne. Jeder Arzt, den man besucht, findet was Neues. Das sei in meinem Alter normal, müsse aber von jetzt an überwacht werden. Langsam verstehe ich die panischen Blicke in manchen Gesichtern. Aber, denke ich, ich fühle mich doch eigentlich gut. Andererseits: Wie fühlt man sich in diesem Alter? Wie haben sich meine Großväter gefühlt? Gehört Altsein heute noch zum Lebensentwurf? Oder ist das eher ein Geschäftsmodell? Vielleicht empfinden wir unser ganzes Leben als Geschäft. Schule, Studium und Lehre sind Investitionen. Der Tod

wäre dann die Pleite. Und an einer Pleite ist man meistens selbst schuld.
Wach liegen und sich Gedanken machen, führt oft zu nichts. Es wird ausgehen, wie es immer ausgeht.

Birnen und Extasy

Zum Frühstück bekommen wir Barockmusik, selbst gebackene Spekulatius und einen Blick in das Grün eines schönen vor sich hin tropfenden Gartens. Ach, die Birnen, sagt unsere Wirtin. Der Haspengau ist die größte Obstlandschaft Westeuropas. Die Birnen werden sogar nach Japan und China verkauft. Momentan schimpfen die Bauern über die Sanktionen gegen Russland. Aber, fügt sie mit einem verzweifelten Lächeln hinzu, der Export nach Mexiko gleiche das aus.

Die Provinz Limburg, hören wir später, sei sogar ein globaler Marktführer ganz anderer Art. Dort gebe es weltweit die größte Produktion von Extasy. Ein Milliardengeschäft. Das hat man den spießigen Kulissen gar nicht angesehen.

In der Nacht ist die Temperatur ziemlich abgestürzt. Gestern war der Sommer noch sehr groß, heute reicht es nur für fünfzehn Grad. Jetzt kommt der September, eine weite, flache Ebene, auf der die Zeit still zu stehen scheint.

Plötzlich habe ich eine Warze auf der Wange. Sozusagen mitten im Gesicht. Der Spiegel lügt nicht. Sie macht sich lustig über mich. Umgekehrt sähe das ganz anders aus. Da wäre Feingefühl und positives Denken gefragt.

Leuven oder Löwen ist der erste historische Strudel, in den wir hineingerissen werden. Es geschah zwischen dem 25. und 29. August 1914. Wir steigen ab, schieben die Räder und staunen. Backsteine! Das Rathaus, der Grote Markt, der gotische Tafelrond. Die Universitätsbibliothek. Hier verdienten sich die Deutschen ihr Image als barbarische Hunnen. Aber als wir dort sind, wissen wir das noch nicht. Wir sind einfach mal nach Belgien gefahren, ohne vorher groß zu recherchieren. In Deutschland bestimmen Hitler und der Zweite Weltkrieg unsere historische Perspektive. Hier, das werden wir bald merken, ist der Erste Weltkrieg der historische Orientierungspunkt.

Bevor wir an den Bahnhof kommen, müssen wir eine Großbaustelle überwinden. Selbst auf den Bahnsteigen wird gebaut.

In Kortrijk sind wir erst mal verwirrt und verlassen den Bahnhof auf der falschen Seite, irren eine Weile umher, bis wir die Unterführung in die Altstadt finden. Auch hier rege Bautätigkeit. Presslufthammer klingen überall gleich. Am Abend schlendern wir durch die Straßen. Der Beginenhof ist die Hauptattraktion. Ein nettes, unspektakuläres, entspanntes Städtchen. Belgische Provinz. Aber wir wissen ja nun, was sich hinter dieser Harmlosigkeit alles verbirgt.

Omloop der Slagvelden

Wir sind schon tot. Vor kurzem
Lebten wir, sahn Tage kommen und verglühn.
Liebten, wurden geliebt und liegen
auf Flanderns Feldern nun.

Um zu frühstücken, gehen wir in die Stadt. In der Fußgängerzone eine Konditorei. Es gibt richtige Croissants, Schnecken, Brötchen, Kuchen, Pralinen und einen Kaffee, der diese Bezeichnung verdient. Der Mann und die Frauen hinter der Theke haben Mehl an den Schürzen und sprechen die Kunden mit Namen an. Es riecht, wie es nur in einer Bäckerei riechen kann. All das gibt uns das Gefühl, wirklich in der Stadt zu sein, ja sogar für einen Moment zu dieser Stadt und ihren Menschen zu gehören.

Hinter Kortrijk ein Gewirr aus Autobahnen und anderen Straßen. Wir finden die Laie und fahren bis Menen an ihrem Ufer entlang. Hätten wir uns informiert, wüssten wir, für was der Name der Straße von Menen nach Ypern steht. Bei Wervik verlassen wir den Fluss. Die Zahl der Kriegerdenkmale und Soldatenfriedhöfe nimmt ständig zu. Wir wenden uns nach Norden und erreichen bei Kruiseke die Front. Im Südwesten liegt der Minenkrater von Sint-Elooi, nördlich der Krater von Hooge. Britische Mineure haben dort einen Tunnel unter die deutschen Stellungen gegraben, Sprengstoff deponiert und zur Explosion gebracht. In Tyll, seinem Roman zum Dreißigjährigen Krieg, lädt Daniel Kehlmann sei-

nem Helden diese klaustrophobische und meist tödliche Kriegsarbeit auf. Heute ist der Krater mit Wasser gefüllt. Ein touristisches Highlight auf der Route durch die Flandern Fields. Im Café eine große Auswahl an Bieren und Fleischspezialitäten: Bauernbrot mit Pastete, Schinken und Blutwurst.
Unsere Tour führt an der Höhe 60 vorbei und an einem Waldstück, das die Briten Sanctuary Wood nannten. Im November 1914 kam der Vormarsch der deutschen Truppen hier zum Stehen. Der Stellungskrieg und die vier Flandernschlachten verwandelten die gesamte Gegend in eine apokalyptische Landschaft.

Ypern beginnt für uns an einem Kreisverkehr, der die Straßen zum südlich gelegenen Zillebeke, dem südöstlich gelegenen Menen, dem nördlich gelegenen Langemarck und den nordöstlich gelegenen Städten Zonnebeke und Passendale aufnimmt. Hier war im Ersten Weltkrieg die gefährlichste Kreuzung der Welt: Hellfire Corner, ständig unter deutschem Beschuss.
Ein seltsames Gefühl, zuhause den Finger auf die Landkarte zu legen und zu wissen, dass man genau dort gewesen ist, während man im Internet Bilder, ja sogar ein paar schwarzweiße Filmaufnahmen sieht, die den Ort während des Krieges zeigen. Ein Soldat auf einem Fahrrad, Soldaten, die eine staubige Straße entlang reiten. Raum und Zeit scheinen für einen Moment aufgehoben zu sein.

Wir näher uns den Festungsmauern von Ypern auf einem ruhigen, begrünten Weg und fahren durch das Menentor in die Stadt.

Hier hat 1919 ein völlig absurdes Radrennen vorbeigeführt, der Circuit des Champs de Bataille. Schon 1891 hatte die wichtigste Zeitung Frankreichs, das Petit Journal, ein kolossales Straßenrennen veranstaltet: die 1200 Kilometer von Paris-Brest-Paris, einem Vorläufer der 1903 erstmals von der Zeitung L'Auto veranstalteten Tour de France. Für die Zeitungen waren solche Rennen ein gutes Geschäft. Sie konnten in ihren Berichten selbst das Drama gestalten, das sie für eine Steigerung der Auflage und der Werbeeinnahmen brauchten. Die Radfahrer galten als Helden. Sie bezeugten den überlegenen Charakter der Franzosen und sollten ein wichtiger Teil der nationalen Verteidigung sein.
1919 steckt das Petit Journal in einer Krise. Marcel Allain beschließt zur Verbesserung der Verkaufszahlen eine Tour zu veranstalten, die von Straßburg über Luxemburg nach Brüssel und durch Belgien führt. Dann über Paris und Belfort nach Straßburg zurückkehrt. Sechs Monate nach dem Krieg soll die Tour die Zeitung retten und die Dominanz der Siegernationen beweisen. Zweitausend Kilometer, sieben Etappen. Nur knapp ein Viertel der siebenundachtzig gestarteten Fahrer kommt ans Ziel.
Die dritte Etappe führt von Brüssel über Gent und Brügge, Ypern, Lille, Douai, Cambrai, Bapaume, Albert bis Amiens. Dreihunderdreiundzwanzig Kilometer. Am 2. Mai 1919 um vier Uhr dreißig starten einundfünfzig Fahrer. Schneeregen, eisiger Wind. Kopfsteinpflaster. Bei Diksmuide trifft die Route auf die ehemalige Front und folgt ihr nach Süden. Die Fahrer schlittern durch Schlamm, Schrott, Stacheldraht, zerpflügtes und aufgeweichtes Gelände, in dem noch immer Leichen liegen

und Blindgänger explodieren. Der spätere Gesamtsieger, Charles Deruyter, erreicht Amiens kurz vor elf, nach achtzehn Stunden und achtundzwanzig Minuten. Er fährt auf den Felgen, beide Reifen sind platt. Eine weinende, vor Kälte zitternde Matschgestalt. Louis Ellner, der letzte Fahrer braucht für diese Etappe über sechsunddreißig Stunden.

Ypern, ein Zeitloch, und dieses Loch ist ausgefüllt mit einer Erzählung, die jeden Abend um acht Uhr in Erinnerung gerufen wird. Die Musiker spielen *Last Post.* Tausende eingemeißelte Namen von gefallenen Briten und Kanadiern. Angehörige suchen die Namen ihrer Vorfahren, eine Geschichte neben der anderen. Um acht Uhr stehen wir schweigend im großen Stadttor. Vielleicht sind wir die einzigen Deutschen. Auf den Schlachtfeldern Flanderns wiegt der Wind den Mohn: *We are the dead. Short days ago / We lived, felt dawn, saw sunset glow, / Loved, and were loved, and now we lie / In Flanders fields.**

Bergetappe

Frühstück im Hotel. Die Einrichtung ist der endgültige Beweis: Grau ist die Farbe der Saison. Trotz Eierskandal, in dessen Zentrum wir uns gerade befinden, wird an jedem Tisch kräftig geköpft, aufgeschlagen, gelöffelt. Auch Rührei geht gut. Ein Hotelfrühstück, lese ich spä-

---

* Zweite Strophe des berühmten Gedichts »In Flanders Fields« aus dem Ersten Weltkrieg, am 3.5.1915 von dem Kanadier John McCrae geschrieben.

ter, wird für viele durch Eier erst zu dem, was man von einem Hotel erwartet.

Backsteinkunst, das heißt, aus einem Element und einer Farbe immer neue Muster zu kreieren.

Das Flämische ist irritierend. Oft versteht man etwas, oder meint, etwas zu verstehen, und dann liegt man völlig falsch.

Wir rollen Richtung französischer Grenze in die flämischen Alpen. Es wird warm und schwül. Eine herausfordernde Etappe, ein lustiges Auf und Ab. Roubaix ist nicht weit.

In der Fläche vor Poperinge ein heftiger Regenguss. Wir schaffen es gerade noch unter ein paar größere Bäume. Sie zaubert lächelnd einen Schirm aus ihren Satteltaschen: für alle Fälle! Ich staune. Im Ort müssen wir Pause machen. Hier war im Ersten Weltkrieg der Hinrichtungsplatz. Wir sind erschöpft. Zum Cappucino gibt es Eierlikör. Gemessen an dem, was die ersten Radprofis alles zu sich genommen haben, ist das eher harmlos. So ein bisschen Alkohol, das merken wir gleich, baut gewaltig auf. Genau das Richtige für unseren langgezogenen Sprint. Wir wissen, dass das Tourismusbüro um fünf schließt.

Die dickpoigen weißen Rinder auf den Weiden sehen von weitem aus wie monströse Schweine.

Diksmuide, ein lustiger Name. Hier gibt es einen Stadtbesichtigungspfad zur Belagerung und Zerstörung der Stadt. Schon 1915 bestand der Ort nur noch aus Trümmern. Es ist heiß geworden, wir rollen erschöpft über das Kopfsteinpflaster. Der ganze Marktplatz eine einzige Baustelle. Die Touristeninformation ist noch offen. Was für ein Glück! Aber es gibt kein freies Zimmer. Die junge Frau verzweifelt. Zwei Hochzeiten, sagt sie. Aber man könne es etwas außerhalb versuchen.
Schaffen wir das noch, frage ich sie.
Sie nickt.

Wir landen in einem alten Bauernhof. Zu unserem Zimmer gehört ein großer Aufenthaltsraum. Vor den bodentiefen Fenstern grasen Schafe und schauen ab und zu herein. Wie ein Aquarium, nur sind wir hier die Fische. Auch die Katze kommt mal vorbei, um einen Blick auf die Menschen zu werfen.

Früher war unsere Gastgeberin mit ihrem Mann im Tomatengeschäft. Spekulationen auf Kredit. Später dann auch noch Äpfel, bis es ihr zu viel wurde. Sie hat sich getrennt und ein anderes Leben begonnen, den Hof gekauft, ein Zimmer renoviert, den ersten Sessel gepolstert und die Gebäude langsam ausgebaut.
Im Kühlschrank Bier von *De dolle brouwers*. Acht Prozent. Auf dem Etikett ein bunter Papagei. Was hat das zu bedeuten? Da liegt der Öffner. Belgien und Bier, ein Kapitel, das interessant werden könnte.

Wenn wir weiter fahren, sollten wir uns das Denkmal anschauen, das Käthe Kollwitz hier für die trauernden

Eltern aufgestellt hat. Ihr Sohn, ein schmaler Gymnasiast, hatte sich mit achtzehn freiwillig gemeldet. Unsere Gastgeberin deutet auf ein Regal mit Fotobänden. Wir sehen Käthe Kollwitz, ihren Mann und drei Männer in Arbeitskleidung, die die Steinfiguren aufgestellt haben. Ein vierter mit Hut und Schlips lehnt leger am knienden Vater und korrespondiert mit Käthe Kollwitz auf der anderen Seite, die sich auf den Sockel stützt, als wäre sie müde und mache nur für das Foto eine gute Figur. Alle sechs schauen in die Kamera und intensivieren damit den Blick der steinernen Eltern, der sich von oben auf den Betrachter herabsenkt.

Erinnerungsort mit Denkmal

Am nächsten Morgen fahren wir noch einmal durch Diksmuide. Wir schreiben Karten: Es regnet nur nachts. Ich mag diese kleinen Städte, überschaubar, sauber, sicher, nicht zu hektisch, so dass man das Gefühl hat, hinter dieser Kulisse sei prinzipiell alles in Ordnung.

Von nun an ist der Himmel die Landschaft.

Immer wieder schreibt sich der Krieg in diese Reise ein. Wir verlassen unsere Tour. Die Wege sind durch Knotenpunkte markiert. Wir fahren 57, 28, 12. Am Wegrand blüht der Mohn. Vladslo, einer der größten deutschen Soldatenfriedhöfe in Flandern. Viel Schatten und viel Licht. Der Eingang ist niedrig, so dass man unwillkürlich den Kopf neigt. Aber warum und für wen, und mit welchen Gedanken? Der Friedhof hat die Größe von drei Fußballfeldern, 25645 Tote. Fünfundzwanzig unter jedem Grabstein. Ehrenfriedhof. Ehre? Hier liegen die Abfälle des Krieges, kaputtes Material. Hohe, alte Bäume, alles sehr schlicht, vornehm, ruhig und symmetrisch. Ganz hinten das trauernde Paar, neben dem einmal Vater und Mutter Kollwitz standen, um auf das Grab ihres Sohnes zu blicken. Man kann sich an ihre Seite stellen. Unter der Erde und unter den Grabsteinen Knochen. Und was sonst von 25645 jungen Männern nach hundert Jahren noch übrig ist.

Weiter nach Niewport: 78, 27, 7, 77. Jeder Weg hat eine Sieben. Kühe: weiß, braun, schwarz-weiß, weiß-braun. Die strubbeligen mit ein paar unfrisiert aussehenden Haaren zwischen den Hörnern erinnern an Boris Johnson. 37, 95, 46, 10, 70. Mais im Wind, ein Geräusch wie von scharfkantigem Papier, das aneinander reibt.

Niewport Bad ist ein Ort, den man nach einer Überflutung nicht vermissen würde. Vielleicht bin ich auch einfach nur müde. Es gebe nur noch wenige Unterkünfte. Ein Bed & Breakfast. Aber der Vermieter ist erst ab 19 Uhr wieder da. Dann doch lieber das Hotel Uilenspiegel. An der improvisiert wirkenden Rezeption sitzt ein Mann, den ich nicht verstehe. Aber eins wird klar, wir sollen die Fahrräder um den Block fahren und von der Rückseite in eine Tiefgarage bringen, wo ein Stellplatz ist.
Als wir dort ankommen, nimmt uns der Mann von der Rezeption in Empfang und fordert uns auf, ihm zu folgen. Wir gehen durch ineinander geschachtelte Keller. Niewport under ground. Wäsche, ausrangierte Möbel

und allerlei nicht mehr gebrauchte Geräte. Dann der Lift. So eng wie ein hochgestellter Sarg.

Dritter September. Am Abend im Fernsehen das Duell der Kanzlerkandidatin und des Kandidaten mit anschließender Talk-Runde für Sofortmeinungen und demoskopischer Auswertung. Ein Tiefpunkt demokratischer Kultur, aber nichts, gemessen an dem, was in den nächsten Monaten bei den Koalitionsverhandlungen folgen wird.

De Nordzee

Warzen, liest sie mir auf ihrem Smartphone vor, sind eine Reaktion auf Viren, die durch eine kleine Verletzung in die Haut eindringen. Also ansteckend, sage ich. Von mir hast du sie nicht, antwortet sie. Wahrscheinlich von diesem ewigen Bussi-Bussi-Kram, sage ich. Na, antwortet sie, dafür kommst du jetzt nicht mehr in Frage.

Beim Frühstück können wir unsere Voraussagen über die möglichen anderen Gäste in diesem Hotel mit der Realität vergleichen. Ich hatte finanzschwache Rucksacktouristen erwartet. Aber im großen Raum im fünften Stock mit Blick aufs Meer treffen wir Rentner aus der Arbeiterklasse. Ein paar Eltern mit blassen Kindern. Discounterklamotten. Leute, mit denen man in den Filmen der Dardenne-Brüder durchaus sympathisiert.
Aus dem schief an der Wand hängenden Lautsprecher tönt *The House of the Rising Sun*. Die flämischen Eulenspiegelfiguren unterscheiden sich von den deutschen.

Da fällt mir etwas ein: Vor ein paar Tagen habe ich von einer Eule geträumt.

Es gibt hier lustige Wörter. Zum Beispiel verhuuret und nuttige Adressen. Als der Chef an der Rezeption beim Bezahlen sieht, dass wir aus Heidelberg kommen, fängt er an zu singen: Hab mein Herz ... und gibt uns einen Tipp. In Brügge sollten wir unbedingt die Jeruzalemkerk besichtigen. Er finde, sie sei die schönste der ganzen Stadt.

8, 61, 12, 2, 19, 84, 83, Oudenburg. Die Zahl der Wege ist unendlich. In einer Backerig decken wir uns mit Proviant ein. 60, 29, 59, 26. Es ist kühl geworden. An einer Schleuse mit Drehbrücke machen wir Pause.
12, 98, 78, 26. De Haan und de Nordzee. Kontrastprogramm. Gestern proletarisch, heute Mittel- und Oberschicht in Strandvillen.

Im Frühjahr 1933 kam Albert Einstein aus den Vereinigten Staaten zurück. In Antwerpen erfuhr er, dass sein Besitz von den Nazis beschlagnahmt und alle jüdischen Wissenschaftler von den Universitäten ausgeschlossen wurden. Er ging zur deutschen Botschaft, um seine deutsche Staatsbürgerschaft zu annullieren und wartete in De Haan ein paar Monate auf sein Ticket nach England.

Nach dem Rasieren wird klar, dass sich die Warze durch die Bartstoppeln nur kleiner angefühlt hat, als sie tatsächlich ist. Wie soll ich mit so einem erbsengroßen Pickel mitten im Gesicht leben? Hier kennt mich ja

niemand. Aber zu Hause. Sie meint, wenn das mein größtes Problem sei, gehe es mir doch ausgezeichnet.
Sie greift zum Smartphone, wischt darauf herum und meint dann, dass da stehe, dass Apfelessig helfen würde. Am Abend beim Essen tunke ich immer wieder den Finger in die Vinaigrette und tupfe mir damit auf die Backe. Sie schüttelt den Kopf. Ich bin verzweifelt. Wir befinden uns in der Nähe des größten Obstanbaugebiets Europas und auf dem Tisch steht Balsamico aus italienischen Trauben.

Ein Chronist dieser Zeit

Am Morgen keine Besserung.
Es ist kühl und regnerisch. Wir sind am entferntesten Punkt unserer Reise und haben beide keine Lust, Richtung Heimat zu fahren. Ist das jetzt gut? Sagt es etwas über die Reise oder unser Zuhause?

Ostende ist einen Abstecher wert. Leopold II. ließ den Ort für die Highsociety Europas zu einer Weltstadt am Meer ausbauen. Das Geld dafür presste er mit unglaublicher Brutalität aus den Kautschukplantagen des Kongo heraus, den er als seinen Privatbesitz betrachtete. Der in Ostende geborene Maler James Ensor ist ein Chronist der belgischen Kolonialzeit. Er knöpfte sich eine Gesellschaftsgruppe nach der anderen vor: die Geistlichen und die Militärs, die von Fritten und Buletten geformten Körper, die Fratzen und Masken. Mit diesen Bildern hat Ensor keinen Erfolg. Die Presse reagiert unfreundlich, die Galeristen auch. In ihm braut sich eine Mischung

aus Stolz, Eitelkeit, religiöser Besinnung, Hass auf seine spießige Umwelt, Todesbewusstsein und clownhafter Übermut zusammen. Er will ein Märtyrer sein.
Auf einer Reise nach England entdeckt er die Lichtmalerei William Turners. Ensors Bilder hellen sich auf, er steigert ihren Ausdruck ins Expressive. Aber auch das Karnevaleske führt er fort. Seine Dämonen sind die Charaktermasken der Zeit. Zur neuen Farbigkeit tritt Ironie und das dauerhafte, hoffnungslose Gefühl, von der Öffentlichkeit nicht verstanden zu werden. Er ist über vierzig, als er berühmt wird. 1949 stirbt er mit 89 Jahren in Ostende. Das erfahren wir im MuZee, hinter einer Glasfassade aus dem Jahr 1947. Draußen fällt Regen. Ein kühler Wind. Doch hier die Schönheit des Meeres, Ensors Seestücke, Stillleben und Porträts.

Auf der Strandpromenade kann man sich vorstellen, wie 1936 die Exilanten über das Meer nach England schauten: Ernst Toller, Egon Erwin Kisch, Irmgard Keun, Joseph Roth, Stefan Zweig ...

Ein kalter Morgen. Im blauen Himmel schnell ziehende weiße Wolken. Nach zwei Tagen im gutbürgerlichen De Haan tut es gut, wieder Fahrrad zu fahren. Die Reifen summen, der Wind raschelt durch die Ufergräser und formt sie zu grünen Wellen, die an den Rändern der Kanäle durchs Land laufen. Das Geräusch an ihrem Tretlager ist weg. Auf den Feldern schlafen die Schafe, Gänse üben schreiend Formation. Vor vier Tagen war der Sommer noch groß, heute ist Herbst.

Kälte ist genauso anstrengend wie Hitze. In Damme, dem Geburtsort des flämischen Uilenspiegel, gibt es ein dunkles Bier mit acht Prozent.

Wir fahren. Rückenwind ist wie E-Bike, bloß ohne den Umweg über Windräder und eine Ladestation. Auf einem Deich nähern wir uns Brügge. Die Kälte hat uns ganz schön mürbe gemacht. Kopfsteinpflaster. Verschlafene Wohnviertel in Backstein, tiefenentspannt. Eine Brücke über eine Gracht. Unter uns in kurzer Folge drei Sight-Seeing-Boote voll mit Touristen. Plötzlich der Burgplatz. Menschen, Fahrräder, Autos, Pferdekutschen, eine Big-Band macht Soundcheck für ein Open Air Konzert. Essen, Trinken, Souvenirs, Gästeführer, Selfies. Irgendwo da vorn ist der Markt. Wo ist die Touristeninformation? Ein Müllwagen und eine Pferdekutsche drücken uns an eine Hauswand. In den Menschenmassen kommen wir nicht voran. Es fängt an zu tröpfeln. Der Platz leert sich. Die meisten fliehen in irgendeinen Hauseingang oder Torbogen.
Mit hundert anderen warten wir im Durchgang zum Belfried den Schauer ab. Wir sind uns einig: Der Städtetourismus hat eine ganz bestimmte Form von Hysterie angenommen. Was man nicht alles gesehen haben muss. Und wir sind ein Teil davon.

Tourismus

In fast alle Hotelzimmer Europas hat der Acrylboden mit Holzanmutung Einzug gehalten. Im Bad wie überall

die gleichen dunkelgrauen Fliesen, früher rechteckig, jetzt quadratisch.
Ein Blick in den Spiegel: Die Bräune hat einen Grad erreicht, dass die Augen leuchten.

Am Morgen das drei Sterne Hotelfrühstück, Euro-Norm des schlechten Geschmacks. Zu Tode optimierte Brötchen. Der Käse ist so fade, dass einem die Kühe Leid tun. Butter in Plastik, alles sehr hygienisch und haltbar bis zum Weltuntergang.

Städtereisen sind ein Trend mit steilen Zuwachsraten. Doch die Zahl der Ziele bleibt gleich. Sieh es mal so, sagt sie, die Touristen beweisen, dass es hier etwas zu sehen gibt. Damit entkräftet sie alles, was ich noch über Selfies und Orte als Trophäen ausführen will. Ein Problem entsteht dann, fährt sie fort, wenn die Nachteile des Tourismus für die Bevölkerung größer werden als dessen Vorteile. Aber davon ist hier überhaupt nichts zu spüren.

Ich bin dann mal ruhig.

Aber, denke ich, wie wäre es, neben all den immer gleichen Selfies und Postings, mit denen andere live an einer Reise beteiligt werden, die Postkarte wieder zu einem Trend zu machen? Von mir aus auch aus eigenen Fotos. Entschleunigung! Und durch die Zeitversetzung, die geringere Zahl und die individuelle Adressierung würde solch ein Gruß ungleich wertvoller sein. Ist denn so ein massenweises Zeigen nicht genau das Gegenteil von dem, was es bewirken soll: einen individuell, singulär und besonders zu machen?

Wind, Regenschauer, Museumswetter. Schilderkunst. Jan van Eyck: Madonna des Kanonikus Joris van der Paele. Das sind Farben! Teppiche, gemalte Fensterscheiben, Gesichter, Gewänder bis in die Struktur des Stoffes. Laut Inschrift hat van Eyck zwei Jahre an diesem Bild gemalt. Alles wirkt plastisch, scheint greifbar zu sein. Eines seiner Geheimnisse: Leinöl statt Eigelb. Vielleicht ist er der Erfinder der Ölmalerei. Aber in seiner Technik verbirgt sich noch ein anderes Rätsel. Dieses über fünfhundert Jahre alte Leuchten. Das stammt von einer weißen Untermalung mit verschiedenen Abtönungen. Das Weiß scheint durch die darüber liegenden Farbschichten hindurch und erzeugt in den dargestellten Dingen einen Eindruck von Stoff- und Körperlichkeit. Zusammen mit van Eycks Treue zum Detail ergibt sich ein Gefühl, die Szene stünde hier und jetzt vor uns im Raum. Wie er die Stifter des Bildes dem Kind unterordnet, ohne sie zu erniedrigen. Das ist das eigentliche Wunder.

Wir schlendern weiter durch dieses Jahrhundert. Eine großformatige Allegorie: Der Frieden, tja, so sieht er aus. Und da, Hieronymus Bosch: Das Jüngste Gericht oder anders formuliert, der Weltuntergang als Triptychon. Links das Paradies, in der Mitte das surrealistische Chaos und rechts die Hölle. Außerdem viele Madonnen, Heilige und andere Apokalypsen. Aber da, interessant! Ein Brueghel: Der Bauernadvokat. Ist das nun der Ältere oder der Jüngere? Pieter heißen sie beide.

Das ist Pieter II. Das Bild glaube ich ihm sofort. Der Advokat, satirisch gewendet, hoffnungslos kafkaesk und gerade deshalb wohl realistisch, schaut bedeutend in seine Papiere. Vor seinem Schreibtisch die Bauern mit aufgerissenen ängstlichen und unterwürfigen Augen, den Hut in der einen Hand, in der anderen Weintrauben oder Federvieh, vielleicht als Bezahlung, vielleicht als kleine Gabe, um sich den Advokaten gewogen zu machen.

Es hat aufgehört zu regnen. Wir gehen zum Rathaus. Es weist laut Reiseführer nicht mehr den Charakter der großen städtischen Hallen auf. Fertiggestellt 1387, ältestes spätgotisches Rathaus in den Niederlanden, und als Vorbild gültig bis ins 16. Jahrhundert. Unweigerlich denkt man bei diesem Aufwand für Handel und Wandel, an Straffheit und Eleganz, und man spürt die Wirkung der aufstrebenden Symmetrie: zwei Portale, sechs Fenster, drei spitz zulaufende Türmchen heben den Kopf des Betrachters zu den 49 Steinfiguren aus der Bibel und den Fürstengeschlechtern. Im Saal ein Rundumfries zur politischen Entwicklung von Brügge, so erzählt, wie sie in diesem Gebäude erzählt werden muss.
Nebenan der Palais de la Justice. Setz dich ruhig hin und stell dir vor, wie es dem zumute war, der hier erscheinen musste. Ich sehe Brueghels Bauernadvokat vor mir und erinnere mich an unseren Prozess. Am Anfang der Verhandlung legt der Anwalt der Gegenseite demonstrativ seinen Umhang um. Lächerlich, denke ich noch heute, diese Geste der Autorität. Aber vielleicht zeigt es nur, dass der, der so eine Robe trägt, nicht erreichbar ist. Sie macht ihn unverwundbar, denn um ihn

geht es ja nicht, er nimmt sich durch diese Geste aus dem Verfahren heraus und versucht gleichzeitig zu bestimmen, was den anderen geschieht. Selbst wenn du diese Geste nicht glaubst, hat sie Macht. Denn sie ist mehr als eine Geste, sie ist Realität.

Sehr angenehm dieses Sprachgewirr aus Niederländisch, Flämisch, Französisch, Deutsch und Englisch. Man muss sich gar nicht entscheiden.

Ein Bier mit sieben Komma fünf Prozent nennt sich *brugse zot,* die Brügger Narren. Vom Etikett grinst ein Eulenspiegel, der nicht lieb oder nett aussieht, sondern hämisch und schadenfroh. Es ist bemerkenswert, dass ein Volk einen Narren zum Nationalhelden macht. Hat das etwas mit Selbstbewusstsein und Selbstironie zu tun? Dieser Till auf der Flasche weist weit über den von Charles De Coster hinaus. Das ist nicht nur der Freiheitskämpfer gegen die Spanier, der den Geist Flanderns verkörpert. Das ist der ursprüngliche Till, der universelle Anarchist. Prost!

Regen

Am Morgen Regengeräusche. Das Tief Quasimodo. Im Fernsehen auf dem Vorschaufilm ein beängstigend blaues Wolkengeschiebe. In der App eine Regenwahrscheinlichkeit von hundert Prozent. Wir schauen aus dem Fenster. Die Brügger haben keine Schirme dabei. Vielleicht sollten wir den Wetterbericht nicht so ernst nehmen.

Was tun? Bahnhof oder Rad? Es tröpfelt. Draußen sein macht süchtig. Wir fahren. Wir drehen noch eine Runde über den Marktplatz. Kaum Menschen. Die Kutschpferde stehen geduldig im Geschirr und schlagen ab und zu mit ihren Hufen aufs glänzende Pflaster.
Die ersten eineinhalb Stunden kaum Regen. Fake News, denke ich. Dann geht es los. Die App hat immer Recht. Regen und Wind, mal von der Seite, meistens von vorn. Sie hält tapfer durch. Wenn der Regen aussetzt oder wir eine Weile im Windschatten von Bäumen fahren, werden wir wieder trocken.
In Gent kommen wir mit einem Wolkenbruch an. Was für ein Glück! Der Mann im Tourismusbüro besorgt uns ein Zimmer direkt um die Ecke. Ein bisschen aufwärmen und los. Es regnet in Strömen. Wir laufen an der Burg vorbei zum Dom. Vielleicht schaffen wir es noch, bevor er schließt. Der Genter Altar, *Die Anbetung des Lamm Gottes* von Jan und Hubert von Eyck, in einem Kabuff voller Touristen. Aber so ein Werk füllt auch einen schäbigen Raum mit seinem Glanz. Zahlreiche Lagen Ölfarbe auf hauchdünn mit Kreide bedeckten Eichentafeln. Die Gemälde scheinen von innen zu leuchten. Sehen und staunen. Dass der Altar noch existiert, dass er nach all den Wirren wieder hier aufgestellt ist, grenzt an ein Wunder. Oder hat sich niemand getraut, sich an dem Werk zu vergreifen?
Jan van Eyck ist noch ein mittelalterlicher Maler, keine florentinische Zentralperspektive. Er arbeitet mit einer intuitiven Tiefe. An der Außenseite des Altars leuchten uns Maria und ihr Engel entgegen. Darunter Johannes der Täufer und Johannes der Evangelist, gemalt als

Marmorskulpturen, die wirken, als könnte man die Falten ihrer Gewänder berühren. Rechts und links davon die Sponsoren, lebensgroß, mit der gleichen Mischung aus Selbstbewusstsein und Demut wie die Heiligen. Was Jan van Eyck ausmacht, lese ich, sei nicht die Klarheit, die oft als Realismus interpretiert wird, sondern die selbstverständliche Spiritualität, mit der seine Figuren ihr Leben annehmen, als wäre das Göttliche und das Menschliche eins.
Dieses Selbstbewusstsein drücken auch Adam und Eva aus. Adam scheint den Rand des Bildes überschreiten zu wollen, Eva ist kein Ideal, sondern eine Frau. Und was sie tun, ist kein Zufall. Sie haben gemeinsam entschieden, nach der Frucht der Erkenntnis zu greifen. Eine Handlung im Bewusstsein um die Verantwortung, die daraus erwächst.

Hier am Ufer der Grachten würde man sich nicht wundern, wenn Kapitän Sparrow auf einer altmodischen Galeone mit gerefften Segeln mitten in die Stadt einlaufen würde.

Herbst

Gent ist ein Traum. Schauer und Wind. Wir sind vom Sommer in den Herbst gefahren. Über das silbrige Kopfsteinpflaster rollen wir zum Bahnhof. Bahnfahren in Belgien ist herrlich. Der Zug rattert vor sich hin, der Platz ist großzügig bemessen. Draußen pladdert der Regen gegen die Scheiben.

Ein paar Tage später ist wieder September. Der Apfelessig zeigt Wirkung.

Ich wache auf und da ist dieser Satz: Vielleicht ist die eigentliche Verzweiflung die, zu denken, dass man immer weiter machen muss.

Amore mio

Ein paar Splitter, ein paar Jahre, etwas Kunst

Wanderer, deine Spuren sind
der Weg, und nicht mehr;
Wanderer, da ist kein Weg,
du machst den Weg, während du gehst.
Antonio Machado

Die Ökonomie der Straße schafft eine Ökonomie, die den Einzelnen in ein Netz von ständig bewegten und in Bewegung befindlichen Beziehungen einordnet. Eine Ökonomie, in der das Individuum durch Technik marginalisiert wird. Gleichzeitig wird die Codierung und Disziplinierung des öffentlichen Raums intensiviert.

1.

Radiomeldungen, 9. August 2017: Der amerikanische Präsident droht mit Feuer und Zorn. Wer ein neues Auto kauft, bekommt eine Prämie. Die Luft in den Städten ist schlecht, das Wasser belastet, die Eier verseucht. Das Wetter: Schauer, vereinzelt.

Vor mir liegt ein Stapel Fotos aus dem Jahr 1987. Das erste zeigt Molly, wie er über den Parkplatz am Bahnhof geht, leicht wippend, in Turnschuhen. Sommervormittag, August, etwas diesig, viel Asphalt, scharfe Kontraste im Bild, ein Mensch zwischen Autos. Er hält ein Schächtelchen hoch, das er gerade gekauft hat. Darin ist der Film, mit dem die anderen Bilder hier gemacht sind. »Einen Film? Schwarz-weiß? Sonntags? Vielleicht am Bahnhof«, hat er gesagt.

Das nächste Foto zeigt Ivo. Als wir losfahren, sitzt er hinten. Sein Ausdruck ist skeptisch, ruhig, offen und weich. Wir haben mehr Haare als heute. Wir haben Zeit. Aber wir wissen es nicht. Wir haben Potenzial, aber wir wissen nicht, was daraus wird. Eines ist sicher: Wir waren da. Die Bilder sind der Beweis. Und jetzt bin ich hier, auf der Schräge, 2017. Was ist in der Zwischenzeit nicht alles passiert. Zwischenzeit, ein seltsames Wort.

Autobahn. An einer Raststätte wechselt Ivo vom Rücksitz nach vorn. Er hält das Lenkrad locker zwischen den Fingern, dreht den Kopf kurz Richtung Beifahrer und fragt: »Fährst du oft durch Deutschland?«
»Nee, das letzte Mal im April, nach Berlin«, antwortet Molly und zwirbelt an seinem Schnurrbart.
Ab nach Kassel! Ich sitze hinten und schreibe mit.
»Besser als der Ford ist er allemal.«
»Der Reagan?«
»Quatsch, dein Mercedes!«

Leitplanken, der Odenwald verschwindet. Was damals ein Ballungsraum war mit viel Provinz drumherum, heißt heute insgesamt Metropolregion.

»Ich bin schon lange nicht mehr Autobahn gefahren«, greift Molly den Gedanken wieder auf.

»Der Deutschen liebstes Kind.« Ivo ruckt kurz am Lenkrad und überholt. »Schließlich haben wir das Auto erfunden. Mit einer Frau am Steuer. Stell dir das vor.«

Flughafen. Das Luftbrücken-Denkmal biegt sich Richtung Berlin; ein Flugzeug schwimmt unter den Wolken auf die Landebahn zu. Ein Pärchen in schwarzem Leder auf einem Motorrad: Tankrucksack, Schlafsäcke und Zelt überholen uns. Locker baumeln ihre Füße über dem Asphalt. Voraus eine gleißende Wolke, unten grau und oben schneeweiß. Skyline Frankfurt. Bergauf ins grüne Niemandsland Hessen. Zwei Burgen auf einem Hügel deuten wie Finger nach oben.

»Die fahren alle mit Licht!«, wundert sich Ivo.
»Es fängt gleich an zu regnen, mach mal das Schiebedach zu!«
»Aber wie?«
»Elektrisch«, sagt Molly stolz.
Wir sind hermetisch von der Außenwelt abgeschlossen. Das Geräusch, das die Geschwindigkeit anzeigt, lässt nach. Dafür prallen Regentropfen auf die Scheibe und das Dach. Wir sind auf dem Weg zur modernen Kunst. Einfach so. Vielleicht ist etwas dabei, was uns etwas angeht. Oft weiß man erst, was einen interessiert, wenn man es erlebt. Der Scheibenwischer wischt das Bugwasser eines Lasters zur Seite, dann sommerliche Bewölkung. In der Gegenrichtung ein Stau.

»Oh, da hat's geknallt. Alter Freund!«
»Admiral, was für ein Schiff.« Ivo lässt pfeifend die Luft durch die Lippen.

»Bei Opel haben die alle so komische Namen: Kadett, Corsa, Diplomat.«
»Rekord.«
»Und Blitz.«
Beim vorausfahrenden Auto leuchten rote Lichter auf.
»Machen die das hier nur aus Jux. Mann, fahr! Ich brauch Abstand! Alter«, stöhnt Ivo und latscht auf die Bremse.
Friedland. Wir lauschen der Nachrichtenstimme: Franz Josef Strauß meint, dass die Todesurteile in Chile und die Folter zwar falsch seien, aber die Geständnisse gingen in Ordnung.
»Komm, mach mal Kassette!«
Nebenan pulen sie unter einer Brücke die Wurzeln aus dem Boden, für die dritte Spur. Sie ... wer ist das eigentlich? Ich glaube, wir haben Miles Davis gehört, vielleicht auch Bob Marley. Abstraktion und Ritual. Was davon ist heute noch wahr?

I remember when we used to sit
In the government yard in Trenchtown,
observing the hypocrites.
Good friends we have. Oh.
Good friends we have lost along the way.
In this great future you can't forget your past.
So dry your tears, I say.

Zukunft war das Zauberwort. Neben der Autobahn klafft ein riesiges Loch.
»Da wird die Strecke für diesen neuen Zug gebaut.«

Wir fahren nach Norden: rechts von uns trifft der östliche Rand der westlichen Welt auf den westlichen Rand der östlichen Welt.

Ungeheuer ist viel.
Doch nichts so ungeheuer wie der Mensch.

Draußen Regen und Sonne, aber kein Regenbogen. 1987. Dieses verstörende Verhältnis zu Deutschland. In unseren Köpfen ist die Kindheit und Jugend unserer Eltern lebendig. Wie wir uns auch drehen und wenden, wir können nicht ablehnen. Erinnerungen werden weitergegeben, ohne dass man es weiß oder merkt. Wenn sich der Straßenbelag ändert, bekommt das Fahrgeräusch einen anderen Klang. Weder unsere Geschichte noch unsere Gegenwart lässt sich abschütteln. Egal, wie schnell wir fahren.

Liegt eine Ahnung in der Luft, ein Verdacht, eine Befürchtung? Helmut Kohl, Ronald Reagan und Margaret Thatcher. Der Mauerfall, wie aus dem Nichts. Es hieß, das sei das Ende der Geschichte. Leben wir 2017 tatsächlich in einer Wiederholung? Es ist die gleiche Sonne, der gleiche Regen, und manchmal auch die gleiche Musik. Doch das Denken hat den Besitzer gewechselt. Die Millionäre sind Milliardäre geworden.

Seit ich denken kann, heißt es, das Tempo nimmt zu. Im Jahr 1987 fahren wir durch die Bundesrepublik. Ohne Handy, ohne Navi, ohne Netz. Ein Netz, denke ich, und stelle mir dabei die Stimme von Hanna Schygulla vor, kann zweierlei sein. Etwas, das einen auffängt und etwas, mit dem man etwas einfangen kann.

Das Tempo nimmt zu. Atari, Spielkonsole, Windows, das Internet, Deregulierung, Privatisierung, Globalisierung. Grenzen des Wachstums, Rasender Stillstand, Risikogesellschaft, Freiheit macht arm. Europa, Irakkrieg eins und zwei. Die Bush-Dynastie. 11. September. Balkankrise, Börsenkrise, Immobilienkrise, Klimakrise, Bankenkrise, Bevölkerungskrise, Finanzkrise, Rettungsschirm, Europakrise, Ernährungskrise, NSU, Nationalismus, Ukraine, Islamischer Staat, Müdigkeitsgesellschaft.

Wir fahren durch die Kasseler Berge: abwechselnd ein zähes Ziehen und ein entspanntes Rollen.

Wir wurden noch mit Befehlen erzogen. So gab es etwas, gegen das man sich auflehnen konnte. Auflehnen, eine schöne Metapher. Oder doch nur eine falsche Hoffnung?

1987 wissen wir noch nicht, dass wir bald alle selbständig sein werden, Subunternehmer des Staates oder Subunternehmer von Subunternehmern.

Die erhabene, unverderbliche Erde bricht der Mensch auf. Auch die Sprache und den windschnellen Gedanken und städteordnenden Sinn hat er erlernt.

»Da isses ja, guck mal da unten – KASSEL!«

Molly macht mit dem Mund Trompete. Jeder Mensch kann ein Künstler sein. Aber der Satz hat einen zweiten Teil, eine Bedingung ... Aha! Ein Schild zeigt Richtung Industriepark. Am Arbeitsplatz wird Honig durch die Körper gepumpt. Freudige Nervosität. Der Himmel reißt auf.

»Das sind alles Eichen!«, jubelt Ivo und deutet mit dem Kinn aus dem Fenster.

»Quatsch, die erkennt man daran, dass daneben ein Stein steht.«

»Ey, pass auf, das Schild hat rechts gezeigt.«

»Nee, nicht rechts.«

Wie schnell hat man sich bei diesem Tempo verfahren.

Das Auto ist Medium und Symbol der Freiheit, Status- und Prestigesymbol. Das subjektive Verständnis und die Rezeption verbinden sich mit den objektiven Eigenschaften des Objekts zu sozialen Objektivitäten, das heißt, zu den faktischen Wirkungen und Reaktionsweisen, die dann die gesellschaftliche Bedeutung des Automobils ausmachen.

2.

Ein Foto zeigt Ivo und Molly beim Studium des Parkschein-Automaten Nr. 3, Ecke Bürgermeister-Brunner-Straße und Akazienweg. Wer erinnert sich noch an ein Ding namens Parkuhr? Diffuse Bewölkung. Im Hintergrund an einer Hauswand steht »KAUF«. Auf der Fußgängerzone mit den üblichen Geschäften fühlt man sich wie überall, kriegsbedingt, wirtschaftswunderbedingt, autobedingt, aber natürlich auch schiller- und goethebedingt. In naher Zukunft nach einigem Hin und Her also wieder Deutschland, das Volk, ein Volk.

Auf dem nächsten Foto ein Blick von einer Außeninstallation auf eine andere Außeninstallation, Königsplatz, umgeben von Ständen. George Trakas Werk UNION PLACE, heißt es, setz sich über die Sachzwänge des Verkehrs hinweg. Er macht auf die verfahrene städtebauliche Situation Kassels aufmerksam, ein Platz auf Zeit entsteht: Mittel- und Schwerpunkt für den Möglichkeitssinn an Orten, die sonst nur zum Wegeilen auffordern durch Kreuzungen und Verkehrsfluchten, die von unserer Gegenwart wegführen. Trakas gestaltet einen Platz zum Anhalten, zum Luftholen, er verlangt Fassaden, Ausweitungen, Buchten, Bäume, die Aussicht auf Erinnerungen, eine Stadt mit Gedächtnis, Flaneuren und Passanten!

Im Jahr 2017 steht auf der Documenta 14 an der gleichen Stelle ein Obelisk von Olu Oguibe. Er trägt die Inschrift »Ich war ein Fremdling und ihr habt mich beherbergt.« Aus Passanten sind Migranten geworden. Aus Problemen des Städtebaus ein Bibelzitat mit globaler und archaischer Dimension. In Kassel wird dieser Satz für Diskussionen sorgen. Warum kann man sich darüber aufregen, dass sich jemand bedankt?

Im Jahr 1987 schlendern wir im Fridericianum direkt in eine Chefetage hinein, interpretiert von Hans Haacke: Aus dem Panzerschranksignet der Deutschen Bank wächst der Mercedesstern. Darin ein Dia, von hinten beleuchtet, ein Beerdigungszug schwarzer Südafrikaner, mehrere Särge, ein Schild mit der Aufschrift: Zola Jantjies, age 16. Apartheit, Mandela. Wir schreiben das Jahr 1987.

9. August 2017. Auf dem Friedrichsplatz in Kassel Menschen mit angestrengten Gesichtern. Touristische Stimmung. Das Catering ist perfekt. Hinter den Versorgungszelten schimmert DAS PARTHENON DER BÜCHER bunt in der Sonne, ein versilbertes Mosaik von Marta Minujin. Was kann man nicht alles verbieten. Aus einem Lautsprecher klingen Sätze und wehen über den Platz: Ignoranz ist eine Tugend ... Ignoranz ist eine Tugend ... Ignoranz ...

Im *Documenta 14 Daybook* schreibt Roger Bernat für den heutigen Tag: Ein Theater ohne Schauspieler und ohne Bühne. Was bleibt? Das auf sich selbst zurückgeworfene Publikum. Eine Öffentlichkeit, die ihre eigenen dramatischen Verhältnisse konsumiert. Was aber passiert, wenn Sender und Empfänger identisch sind?

1987 ist der BLITZSCHLAG MIT LICHTSCHEIN AUF HIRSCH von Joseph Beuys ein medialer Höhepunkt der Documenta. Urmaterial Ton mit eingearbeiteten Werkzeugen, verrät der dünne Katalog.
»Sieht aus wie Dinosauriermist«, kommentiert Molly das hermetische Werk.
Wie schätze ich diesen Zugang zur Kunst heute ein? Beurteilt man das im Jahr 2017 nicht ganz anders als 1987? Hat heute der Rezipient nicht prinzipiell Recht? Wie dem auch sei. Hätte den Künstler damals diese

Reaktion vielleicht sogar gefreut? War die Sache mit der Putzfrau und der Wanne nicht ein genialer Effekt? Beuys hatte Humor, Schamanenhumor.
Der Hirsch als Bild der Lebenskraft, verrät der Katalog. Ein Raum ohne Erinnerung, ein Raum, der sich zur Kälte neigt. Auf was spielt der Titel und die an der Decke baumelnde, damoklesartige Bronze wohl an? No Future? Haben wir uns 1987 nicht schon längst an den Gedanken gewöhnt, dass mit einem Knopfdruck alles weggewischt sein könnte? Dass kein Betrachter mehr bleibt, kein Sender und kein Empfänger? Beuys, heißt es, führt uns eine zweite Realität vor Augen.

Allerfahren.
Unerfahren. Geht der Mensch in nichts
dem Kommenden entgegen.
Vor dem Tod allein
Wird er sich kein Entrinnen schaffen.

1987: AMORE MIO, das pfeifende Auto von Richard Baquié: Eine in die vier Himmelsrichtungen zerlegte Wunschmaschine, Prototyp des 20. Jahrhunderts, Symbol einer unbeschwerten Epoche, Höhepunkt der Eisen- und Ölzeit, nomadisches Gefühl, Bewegungsverstärker, Schwung, die Erfindung des Stahlgürtelreifens, Verbrennungsmotor, Traumpotential, Road Movie, von der Geschwindigkeit verwehte Chansons.

10. August 2017. In der Straßenbahn ein Plastikknopf, darauf das Wort »Stopp«. Gegenüber von Kassel verquirlen Windräder den vorbeiziehenden Regen. Der Betonröhren-Bau von Hiwa K: RUHE AUF DER FLUCHT.

Ein Vater erklärt seinen Kindern, was Verzweiflung bedeutet. Auf der Treppe nach oben sitzt ein alter Mann und bettelt. Vor ihm teilt sich der Menschenstrom und fließt mit einem gleichbleibenden Abstand rechts und links an ihm vorbei. Anfangs denke ich, überall Bekannte zu sehen. Dann wird mir klar, ich erkenne nur das Kunstpublikum wieder, das überall gleich ist. Ich habe mich wirklich verändert.

Documenta 14, Daybook, 10. August, Arin Rungjang: Geschichte ist nicht unumstritten. Sie hat mit Gerüchten zu tun und die sind die Wurzel von Zwietracht und Streit.

2017 in der Alten Hauptpost: FORENSIC ARCHITECTURE. Eine Simulation des Mordes an Halit Yozgat in seinem Kasseler Internet-Café. Eine Tat des NSU. *Die Schüsse waren nicht zu überhören. Jetzt hören wir sie hier in der Ausstellung. Und damit sind wir alle Zeugen geworden. Und es ist sozusagen nicht nur eine Frage des Prozesses, etwas zu klären oder etwas einzufordern, sondern wir als Gesellschaft – wir – sind alle betroffen davon. Und wir müssen diese Fragen weiter stellen und darauf drängen, dass wir diese Frage beantwortet haben möchten.* Ayse Gülec.

1987. Pause. Auch Kaffee ist ein historisches Phänomen. Wie viele neue Sorten Kaffee und Arten ihn zu rösten und zu trinken sind in den letzten dreißig Jahren entstanden? »Barista« und »Latte Art« waren hier noch nicht mal Wörter. Oder »Coffee to go«. Kaffee heißt, hol dir Schwung. Und: Wir haben es uns verdient. Je länger man den letzten Satz anschaut, desto mehr gibt er preis.

1987. Im Fridericianum nehmen wir den Faden wieder auf. Robert Longo, ALL YOU ZOMBIES: Erstarrte Materialschlacht, auf den Sockel gehoben – Kriegerdenkmal! Dahinter die postmoderne Massage: SAMURAI OVERDRIVE. Wir sind erschöpft von so viel Echtzeit und Endzeit. Ein paar Räume weiter entdecken wir die Klang-Installationen, akustische Kunst. Aus einem der Kopfhörer, die von der Decke herabhängen, klingt nur ein Wort: jetzt jetzt jetzt, jetztjetztjetzt jetzt ... jetzt ... jetzt ... jetzt jetzt jetzt, jetztjetztjetzt jetzt ... jetzt ... jetzt.

Ist das jetzt schön?
Ist nur das Jetzt schön?
Ist das nur jetzt schön?

2017. Im Leder-Meid-Appartement befindet sich das Presse- und Informationszentrum der Documenta 14. Im Zwischengeschoss ein paar Liegen und Kopfhörer. Bei soviel Kontingenz tun ein paar klare Sätze gut: Freiheit, sagt jemand, ist nicht so real wie Sklaverei. Aber Freiheit streben wir alle an. Eine Dienstleistungsgesellschaft bedeutet einen Zustand, in der sich der Mensch in einem Maß auf sich selbst bezieht wie noch nie. Vieles werden wir nie erkennen. Zum Beispiel den Sinn des Lebens. Die Praktiken der Ökonomie dringen als Metaphern oder Analogien in unsere Sprache und unser Denken ein, in Schule und Studium, Arbeit und Sport. Das Fleisch ist alles, was du hast. Feiere das Fleisch. Die Zeit der Aphorismen ist vorbei. Die Tatsachen heißen:

Trump, Erdogan, Orban, Kaczynski, Putin, Bolsonaro. Täusche ich mich, oder wird die Liste der Namen täglich länger?

Zurück im Jahr 1987. Am nächsten Tag schlendern wir auf den Fotos durch den Ausstellungspark. Im Schlossgarten sind Guillotinen aufgereiht; optisch bilden sie den Rahmen für einen Tempel. Die Installation stelle die Tyrannei der Tugend dar. Französische Revolution. Ein seltsames Gefühl, wenn man unter dem Beil durchgeht. Als hindere einen eine elektrisch geladene Wand.

Wenn man heute den alten Katalog durchblättert, sieht man nichts vom Ende der alten und dem Anfang der neuen Epoche.

Anzeige in der documenta-press: *Warum heißt Deutschlands Zeitschrift für Zeitgeist Wiener?* Eingefallene Antwort: Weil die Leser Würstchen sind.

Die Eignung für den Privatbesitz, die Nichtermüdbarkeit, die Beweglichkeit, der geschlossene Innenraum, die Ausweitung der Privatsphäre, die Repräsentations- und Distinktionsmöglichkeiten machen die Attraktivität des Automobils für ein von der Modernisierungsdynamik erfasstes Individuum aus.

3.

Wir mussten weit fahren, um eine Herberge zu finden. In einem Dorf gab uns in einer skurrilen Pension ein alleinstehenden Sonderling zwei Zimmer und etwas Bier zu einem lächerlichen Preis.

Die Autobahn. Man sitzt, tut nichts, es passiert nichts. AMORE MIO. Das unpersönliche Vorbeifliegen von Landschaft erzeugt auf die Dauer ein geschlossenes Gefühl. Nachrichten: Revolte auf Haiti; ein Flugzeug ist in einen McDonald gestürzt; Mercedes Benz entlässt in Südafrika streikende Arbeiter. Die Mauer steht noch. Michail Gorbatschow ist seit zwei Jahren Generalsekretär des ZK der KPdSU. Wir ahnen nicht, was auf uns zukommt, trotz Ungarn, Prag und der Streiks in Polen. Dann die Auflösung der Sowjetunion, amerikanische Intervention. Schockstrategie, die Chicago Boys lassen grüßen. Eine Politik mit einem paradoxen Effekt namens Vladimir Putin.

Documenta 14, Daybook, 11. August, Andreas Angelidakis: Wo sind wir, und wie sind wir dorthin gelangt? Seine Arbeiten beruhen auf der Erfahrung des Verortetseins: in Griechenland, im Klimawandel, in der Architektur, in der Psychoanalyse, im Internet, in einem Körper.

1987. Zwischen Hildesheim und Hannover kippeln ein paar Pumpen Erdöl aus den Äckern. Fracking ist noch nicht erfunden. Hannover, Bergen-Belsen, Hamburg, Flensburg. Backsteinhäuser ducken sich im Wind. Die Heimat von Werner. Auch so ein Kult, den man heute kaum noch versteht. Geblieben davon ist ein Bier und die Flaschen mit dem altmodischen Bügelverschluss. Die Straßenecken sind mit Kiosken besetzt, für den

kleinen Hunger und den Durst zwischendurch; für die kleinen Leute, die es hier, wie auch schon in Kassel, mehr zu geben scheint als im Süden der Republik.
»Kein Wunder«, sagt Molly, »dass die hier Punkte sammeln, wie die fahren.«

In Glücksburg treffen wir Thomas. Nach der Lehre fuhr er als Koch zur See. Jetzt arbeitet er hier in der Küche in einem Restaurant am Strand.

Am nächsten Tag fahren wir nach Westen. Endlich Landstraße. Die gerade Linie der Hochspannungsmasten verschwindet irgendwo. Am Horizont schleift der Himmel mit grauen und weißen Wolken über das Land. Das Auto schaukelt im Wind. Warum eigentlich keine Windkraft für jeden?
»Mehr Kühe als Einwohner«, flüstert Ivo.
»Mann, was ich dieses Jahr totgefahrene Igel gesehen habe.« Molly schüttelt den Kopf.
Das Jahr des Igels also. Aus dem Radio klingt Bruce Hornsby: That‘s just the way it is, some things will never change. But don't you believe that ...
Überall Bauernhöfe, die Kühe sind schwarz-weiß, die Schafe eher weiß, vielleicht etwas dreckig. Hier also war der Schauplatz für die Deutschstunde von Siegfried Lenz. Emil Nolde. Auch so eine seltsame Geschichte. Seit dem Deichschluss ist Nordstrand keine Insel mehr. Besessen von der Idee, Land zu gewinnen. Aber wir brauchen keine Fähre. Was wollen wir mehr und was wird sich dadurch ändern? Restrisiko, etwas Verlust bleibt schließlich immer. Wieder Wolkentäler und Wolkenberge. Der Himmel ein Tiefdruckdrama, Reflexion

des Meeres: ein Graublau mit weißer Gischt und endlich endlos.

Warum wir reisen? Weil wir neugierig sind. Und weil wir das Gefühl haben wollen, dass uns die Welt offen steht. Wir möchten immer wieder beginnen.

Susannes Geburtstag. Sie hat in Heidelberg studiert. In dieser Gegend, sagt sie, freut man sich über Besuch. Wir werden eingeladen, schwimmen zu gehen. Die Fotos: Eine Gruppe aus Frauen berät sich am Ufer, trotz Kleidung frierend. Nackte tauchen ins graue Meer, auch Sonne kommt vor, Spiegelungen, vereinzelt. Ivo nackt auf dem Deich vor einem heroischen Himmel. In flatternder Lederjacke und dickem Pullover ich.

Man kann in der Sonne stehen und die Augen schließen und fühlen, wie man langsam nach vorn treibt.

Die Frauen spicken das Lamm mit Knoblauch. Die Männer versorgen das Feuer. Er hat auf ökologische Landwirtschaft umgestellt, weil er nicht mit der Gasmaske auf dem Feld rumlaufen will. Der Nachbar hat ein Windrad installiert. Wenn er Geld hat, schafft er sich auch eins an.
1987.
»Ist das der Regen im Norden?«
»Ja, der fällt hier waagerecht.«
»Und dieser Wind, ist das normal?«
»Klar, bei uns sind die Spatzen so groß wie die Hühner und bei richtigem Wind muss man die Kinder anbinden, sonst fliegen sie weg.«

Ich komme zu selten ans Wasser. Aber jetzt bin ich hier.

3. Oktober 2018: Der Obelisk von Olu Oguibe wird durch einen Beschluss des Stadtparlaments vom Königsplatz entfernt. Am 1. Juni 2019 wird der Kasseler Regierungspräsident Walter Lübke, der sich für die Aufnahme von Flüchtlingen eingesetzt hatte, von einem Rechtsextremisten erschossen.

Das letzte Foto zeigt Molly, der durch die Scheunentür hinausgeht, die Abendsonne fällt in einem satten Strahl in die staubige Luft. Nach dem Fest schläft er auf der Ladefläche seines Kombis. Der alte Nomade in seinem Blechzelt. Am Morgen danach sagt er, es sei schön gewesen in der Nacht, das Trommeln des Regens auf dem Dach.

Tour d'Aller

Alles, was wir sehen

Die Legende vom Sommer ohne Ende

Mit dem Pflaumenkuchen kommen die Wespen.
Ist der Sommer etwa schon wieder vorbei?

Ich schaue aus dem Fenster: Die meisten Frauen sind schwanger oder schieben einen Kinderwagen vor sich her. Und jede von ihnen ist sich wahrscheinlich sicher, dass ihr Kinderwunsch ihr ganz persönlicher Kinderwunsch ist.

Immer wieder werde ich gefragt, warum ich schreibe. Bisher habe ich zwei Antworten darauf: Einerseits ist es eine Reaktion, eine Art der Verteidigung gegen das, was mir nicht zumutbar erscheint und worauf ich nicht unmittelbar reagieren kann. Da kommt einiges zusammen. Ich habe sogar das Gefühl, dass es immer mehr wird. Es ist leicht, zum Misanthropen zu werden. Oder zum Opportunisten. Aber auch Humor wäre eine Möglichkeit, damit umzugehen. Kann man die Art, wie man reagiert, vielleicht sogar bewusst wählen? Fragen bringen Fragen hervor. Und Fragen bringen uns weiter.
Der zweite Grund, dachte ich lange, liege auf einer anderen Ebene. Beim Schreiben bin ich ganz bei mir. Auch wenn ich mich mit Diskursen, Ideologien, Fragen von Affirmation, Trivialität und Kritik beschäftige. Ich

schreibe, ohne dass mir jemand reinredet oder Vorgaben macht. Ich muss nur aufpassen, dass ich mir selbst keine Vorschriften mache. So lerne ich jeden Tag etwas dazu. So entwickle ich mich. Vielleicht verändere ich mich sogar.
Beide Gründe sind weder neu noch originell, sie steuern auch nicht viel zur Unterhaltung bei. Und genau genommen gehören sie so eng zusammen, dass sie fast schon wieder einen einzigen Grund ergeben. Vielleicht gibt es einen dritten. Zum Beispiel die Sehnsucht nach Schönheit, das Versprechen eines Glücks.
Jetzt folgt meistens die Frage, wie ich es mit dem Leser halte. Denkst du an den Leser? Wer soll denn lesen, was du schreibst? Über »den Leser« gibt es Untersuchungen und Theorien. Wenn es um Literatur geht, das nur nebenbei, ist der Leser in der Regel eine Leserin. Wie man liest, hat viel mit der sozialen Herkunft zu tun. Meine Antwort auf die Leser-Frage klingt einfach: Ich gehe davon aus, dass das, was ich schreibe, nur einen realen Leser hat. Der bin ich. Ich führe ein Selbstgespräch.
Aber, könnte der Frager oder die Fragerin einwenden, eine strukturelle Bedingung des Erzählens ist doch die Pointe. Das ist kein Problem, würde ich antworten. Man kann sich bei der allmählichen Verfertigung einer Geschichte immer wieder selbst überraschen. Oder erzählt das Leben seine Geschichten schon mit Wendepunkten und Zuspitzungen? Wie dem auch sei. Aus dem Überraschungseffekt haben sich im Lauf der Zeit auf Seiten der Leser Erwartungen gebildet. Und die werden zu Gestaltungsvorgaben. Ein Zirkel aus Erwartungen und Gestaltungen, der dazu führt, dass wir vielleicht auch vom realen Leben eine gewisse erzählerische Qualität

und Struktur erwarten. Don Quijote ist das berühmteste Beispiel dafür.
Aber Erzählen ist nicht gleich Erzählen. Das Leben und die Erwartungen an Geschichten sind je nach sozialer Herkunft unterschiedlich ausgeprägt. Es gibt Menschen, die würden nie auf die Idee kommen, etwas aufzuschreiben oder etwas zu lesen, wenn sie etwas über andere oder über sich selbst erfahren wollen. Trotzdem besteht auch deren Erinnerung aus einer langen Reihe von Erzählungen. Mit anderen Worten, Identitäten beruhen auf mehr oder weniger konventionellen und gleichzeitig sehr unterschiedlichen Erzählmustern. Wir leben in diesen Erzählungen. Nach Schichten, Farben, Geschlecht und sexueller Orientierung getrennt. Feuilleton, Literatursendungen in Fernsehen, Radio und Internet bilden nur den Teil davon ab, der in der Mitte der Gesellschaft gepflegt, akzeptiert und honoriert wird. Auch Literatur kann eine Filterblase sein. Eine, in der man sich vornehm, gebildet, tolerant und moralisch überlegen vorkommt. Täglich erklingt das Hohelied auf die Kultur, ihre Vielfalt und darauf, dass sie Teilhabe und den Zusammenhalt der Gesellschaft ermögliche. Dabei ist Literatur ein Medium wie jedes andere. Ein Mittel der Emanzipation und der Ausgrenzung zugleich.

Ich habe das Gefühl, dass ich abschweife. Aber so sind die Gedanken. Sie gehen ihre eigenen Wege. Man geht ihnen hinterher und merkt plötzlich, dass man gerade etwas über sich selbst gesagt hat, das man noch nicht wusste, als man anfing zu sprechen. Zurück zum Ausgangspunkt: Ich betrachte diese Erzählung von den Erlebnissen einer Reise an der Aller als eine Art Tagebuch.

Das klingt weniger pathologisch als »Selbstgespräch«. Wenn tatsächlich irgendwann irgendwer den Weg hierher gefunden haben sollte: Herzlich willkommen!

Vor der Abfahrt

Ein Lied aus alten Zeiten kommt mir nicht aus dem Sinn: *Ich geh durch die Straßen und ich frier dermaßen,* zwischen Baugruben und Betonfassaden, die ganze Stadt wird umgegraben. Viele Autos sind elektrisch, alle Häuser glänzen neu. Ihr Geld, warnen die Bankerinnen und Banker dreimal täglich von Sylt bis Kempten, von Istanbul bis Bogotá, ihr Geld verliert dramatisch an Wert. Sie müssen es anlegen in Aktien, Zertifikaten und Fonds. Das garantiert eine gute Rendite. *Der Eine sagt hü und der Andre sagt hott und der Dritte verkauft den ganzen Schrott.*

Aus der Zeitung: Die bayerische Landesregierung hat 2013 die landeseigene Wohnungsbaugesellschaft mitsamt ihren achtzigtausend finanzschwachen Mietern an einen Investor abgegeben. Wem nutzt es, dass der Staat das Eigentum der Bürger in einem Moment verkauft, in dem absehbar ist, dass es bald das Doppelte wert sein wird? Und woher stammt auf der anderen Seite das Geld für so ein Investment? Vielleicht aus einem dieser in allen Bankfilialen gepriesenen Fonds?

Etwas zu äußern befreit. Man zeigt sich, was man wahrgenommen hat und wie man es einordnet. Auch deshalb erzählen wir. Darum ist es wichtig, was wir erzählen.

Uns selbst und anderen. Und es ist wichtig, sich selbst beim Erzählen zuzuhören.

Im Radio hören wir die Berichte über eine gewaltige Hitze, die Trockenheit, die Gefahr von Waldbränden im Norden von Deutschland. Und von einer Wespenplage.

Ein Anruf: Ob ich nach Russland will, Deutsch-Russische Tage, drei oder vier Veranstaltungen. Ich müsste aber sofort zusagen. Warum nicht? Ein Treffen mit dem Veranstalter, ein paar Mails. Dann passiert erst mal nichts. Kurz vor der Abfahrt zu unserer Radtour kommt die Einladung. Ich brauche ein Visum, ein Passbild, muss online einen Antrag ausfüllen, telefonieren, mich durchfragen, Geld überweisen. Im Briefkasten ein Schreiben von der Künstlersozialkasse. Sie haben mich falsch eingestuft und buchen fröhlich Beiträge von meinem Konto ab. Die Agentur für Arbeit möchte umgehend eine Meldung über meine Aktivitäten zur Integration in den Arbeitsmarkt. Am gleichen Tag bringt die Nachmittagspost eine Mahnung vom Finanzamt. In den Abendnachrichten wieder Diskussionen über Waldbrände, Pflegenotstand, Krankenhauskrise, Altersarmut, die Klimakatastrophe, das Müllproblem, verrückte Präsidenten und den neuen Nationalismus.

Nichts wie weg

Ich gehe durch die Wohnung und ziehe die Stecker. Obwohl wir es schon oft gemacht haben, hat der Moment, in dem wir die Haustür schließen, etwas Aufre-

gendes. Unsicherheit und Freude. Alles erledigt? Klick macht das Schloss.
Im Gegensatz zu früher vergesse ich heute sofort alles, was ich zurücklasse. Schon an der nächsten Straßenecke existiert hinter mir nichts mehr. Ich bin jetzt hier. Wir sind jetzt hier. Die Reifen surren über den Asphalt, der Freilauf schnurrt gleichmäßig, sanft und leise.

E-Bikes. Gibt es dazu etwas zu sagen? Sei es auch nur zu sich selbst?
Wo, fragt sie, ist der Vorteil fürs Klima, wenn man Dinge, die man früher mit dem Fahrrad erledigt hat, jetzt mit dem E-Bike erledigt?
Aber bequemer ist es schon, antworte ich. Und es macht Spaß.
Was passiert eigentlich mit den tollen alten Fahrrädern?
Wenn du bei uns aus dem Fenster schaust, sieht du, dass alle Rentnerinnen und Rentner, die noch Fahrrad fahren können, auf E-Bikes umgestiegen sind. Sowohl das hedonistische als auch das liberal-technokratische Milieu schließt sich dem Trend an. Bald werden die Links-Alternativen folgen, weil sie nicht als Spaßbremsen gelten wollen. Und wer möchte schon bei dem sich permanent erhöhenden Tempo zurückbleiben. Jugendliche haben bei so einem Trend gar keine Wahl. Das konservative und kleinbürgerliche Milieu macht früher oder später sowieso alles mit. Das bürgerliche früher, weil es mehr Geld hat, das kleinbürgerliche später, weil es zeigen will, dass es mithalten kann.
Und das kann man so genau sagen?
Ja, antwortet sie. Als Einzelner ist der Mensch schwer durchschaubar, aber in der Gruppe wird er berechenbar

bis auf drei Stellen hinter dem Komma. Der Mensch ist Mensch, weil er sich vergleicht.

Das heißt, selbst wenn man es wollte, könnte man das nicht ändern?

Sie wiegt den Kopf hin und her.

Mit Bildung, füge ich hinzu.

Sie schaut mich an. Ist das noch ein Lächeln oder schon ein Grinsen?

Dazu müsste man Bildung inhaltlich bestimmen.

Ach ja, antworte ich.

Ja, sagt sie. Die alte Ideologie vom Eigentum hat das Denken in sozialen Perspektiven wieder zurückgedrängt. Und da die sozialen Utopien verächtlich gemacht und vergessen wurden, ist eine Lücke entstanden, die permanent mit den Verheißungen der neuen Technologie gefüllt wird.

Und was hat das mit Bildung zu tun?

Mit Bildung meinst du wahrscheinlich nicht geistige und körperliche Selbstoptimierung zur Steigerung der Effizienz. Oder Empathie-Workshops, die Digitalisierung der Schulen und Sensibilisierungsprogramme für den Umgang mit sozialen Medien.

Nein, sage ich. Aber ich frage mich, wem diese neuen Technologien eigentlich nutzen.

Sie lächelt. Und nickt.

Wir stehen mit unseren Rädern auf dem Bahnsteig. Über Deutschland und Schweden wölbt sich mittlerweile ein Doppelhoch. Der Sommer kommt aus dem Norden. Kein Wind, keine Wolke. Auf allen glatten Flächen gleißendes Licht. Juli. Es ist Zeit. Der Zug fährt ein.

In unserem Großraumwagen sechs männliche Ü-Fünfziger auf dem Weg nach Hamburg. Eine Tour mir Bier und Wein und Wurst. Sie sind gut gelaunt. Jeder Satz, den einer von ihnen äußert, dient dazu, ihr gemeinsames Weltbild zu bestätigen. Nach einer Stunde würde ich mir gern etwas in die Ohren stopfen.

Durch die Verspätung macht die Bahn jedes Umsteigen zu einem Erlebnis.

Verden an der Aller. Als wir aus dem kühlen Zug steigen, zwingt uns die Hitze fast in die Knie. Die Luft ist zäh, man kann sie mit Händen greifen. Vor dem Bahnhof eine Baustelle. Hunderte von Quadratmetern Verbundpflaster. Der Steinschneider jault. Eine vor Hitze flimmernde Betonfläche. Hier herrscht der Lärm. Wir sind müde, irritiert, überfordert von der feindlichen Kulisse, fahren einfach geradeaus auf die andere Seite der Straße in den Schatten der Häuser.
Das Zentrum von Verden ist lebhaft und gleichzeitig still. Weserarchitektur, ein Miniaturhameln. Wenn Hameln das Elbflorenz des Nordens ist, was ist dann Verden? In der Touristeninformation kaufen wir eine Karte für den Radweg. Wir essen Eis, trinken einen Kaffee, drehen eine Runde um den Dom und fahren im Schneckentempo aus der Stadt. Der Himmel ist blau, mit kleinen weißen, scharf abgegrenzten Kumuluswolken.
So eine Bundesstraße ist bedrohlich. Noch dazu, wenn einen die Hitze langsam verwirrt: schlechte Luft, kein Schatten, heißer Asphalt, das Tempo und die Bugwellen der vorbei dröhnenden Lastwagen. Autos existieren in

einer anderen Dimension. Hier spürt man das ganz genau. Jetzt nur keinen Fehler machen.

Viertausendfünfhundert tapfere Sachsen, heißt es, habe Karl der Große hier 782 köpfen lassen. Da kann man schon einen Erbfeind draus machen. Aber vielleicht war es ganz anders. Zumindest gibt es Zweifel. An einem Tag so viele Männer zu köpfen, sei gar nicht so einfach gewesen. Außerdem gibt es keine direkte Quelle. Die Originalurkunden wurden immer wieder abgeschrieben. Vielleicht wurde dabei ein Buchstabe verdreht und aus *delocati* wurde *decollati*, aus »weg vom Ort« wurde »weg den Hals«. Großsachsen, Hochsachsen, Lützelsachsen, Sachsenheim an der Bergstraße. Karl ist schon vorher ein großer Deportierer gewesen.

Da ist er, der Allerradweg! Wir müssen nur noch auf die andere Seite der Straße.
Auch hier kaum Schatten. Unter den Reifen knirschen die Früchte, die die Bäume wegen der Trockenheit abwerfen. Wo Eichen stehen, ist dieses Knirschen ein Doppelgeräusch. Zuerst ein trockenes kurzes Knack, das ist die Schale der Eichel. Dann das weichere langgezogene Knack Knackknack der Eichel selbst.

Bis Westen an der Aller ist es weiter als gedacht. Entfernungen wachsen proportional zur Erschöpfung. Wir schaffen es bis zum Dorfladen, holen uns was zu trinken und setzen uns auf die Stufen. Eine Hitze, sagt die Besitzerin, wie in der Sahelzone. Seit April kein Tropfen Regen. Das ist nicht lustig.

Wir fragen uns bis zu unserer ersten Übernachtung durch. Auf dem großen Hof mit Fachwerkhaus lädt ein Mann Werkzeug aus einem Transporter. Er gibt uns die Hand, heißt uns willkommen und fragt, ob wir Hunger hätten. Hier gebe es nämlich keine Kneipe. Die nächsten Gasthäuser wären in Dörverden und da, er deutet nach Süden, so fünf, sechs Kilometer. Wenn wir mutig seien, könnten wir noch da hin. Sonst bleibe nur der Pizzadienst aus Verden.

Unser Zimmer ist im Dachgeschoss. Bei dieser Hitze suboptimal. Ausruhen, duschen und eine Entscheidung. Pizzadienst aus Verden klingt irgendwie blöd. Wir gehen nach unten und holen die Fahrräder aus der Garage. Dörverden ist ein Straßendorf und dessen Mitte ein Döner-Imbiss. Davor ein paar Männer an weißen Kunststofftischen. Nach etwas Hin und Her finden wir auch ein Gasthaus.
Auf dem Rückweg biegt sie vor dem Imbiss einfach rechts ab, während ich sicherheitshalber den Weg nehmen will, den wir gekommen sind. Sie bremst und wartet. Ich stehe mitten auf der Kreuzung. Die Jungs mit Migrationsoptik, die vor dem Imbiss sitzen, schauen uns neugierig zu. Sie winkt, dreht sich um und fährt einfach weiter. Ich habe keine andere Wahl, ich muss wenden und ihr hinterher.

Auf einem Bolzplatz neben der Straße ein paar Kinder in der abendlichen Hitze. Staub wirbelt auf. In jeder Kindheit gibt es so einen Sommer. Und dieser große Sommer mit Tagen, die kein Ende haben, wird in der Erinnerung zum Sommer der Kindheit.

Als wir wieder in Westen ankommen, geht die Sonne knallrot über der Aller unter. Wir sitzen auf dem Damm und schauen auf die vertäute Fähre. An den Ufern sind Steine zu sehen. Niedrigwasser, Hungersteine. Aber die Aller fließt und man fragt sich, wo bei so einer Dürre überhaupt noch Wasser herkommen kann.

Was es zu sehen gibt

Am Morgen andere Vogelstimmen als zu Hause. Tauben gurren, Hähne krähen und dazwischen ganz zarte Pfiffe. Während man im Bett liegt und langsam aufwacht, könnte man Betrachtungen anstellen über die Bilder in Pensionen und Hotels. Hier auf der großen leeren Wand gegenüber ein winziges Foto mit grasenden Pferden im Abendlicht.

Ich habe zwei Proben Sonnenmilch geschenkt bekommen. Im Bad schmiere ich mir etwas davon ins Gesicht. Sehr ergiebig. Als sie mich sieht, fängt sie an zu lachen. Ich sähe aus wie ein Gespenst.

Bevor wir Westen verlassen, decken wir uns im Dorfladen mit Proviant ein. Ein Mann empfiehlt uns, den Radweg auf der alten Bahnlinie zu nehmen. Da stehen rechts und links alte Bäume, da hätten wir Schatten.
Die Bild-Zeitung meldet eine Mörderhitze. Einige Fahrer der Tour de France hätten schon aufgegeben. Eine alte Frau kommt aus dem Laden und schnappt sich ihren Rollator. Die Tochter der Inhaberin schaut nach, ob alles klappt. Ach, Babettchen, sagt die alte Frau, was

habe ich denn nun gekauft, waren das Strumpfhosen oder Strümpfe?

Wir fahren los und reden über die Unterschiede des Altwerdens in der Stadt und auf dem Land. Wenn man hier so alt werden will wie die Frau mit den Strümpfen, dann muss man hier auch jung gewesen sein.
Auf dem Bahndamm knirschen wir über einen Feinschotterweg. Auch klimatisch viel angenehmer als der Asphalt.

Landwirtschaft. Dieses Wort trifft ziemlich genau, was hier um uns herum vor sich geht. Wir könnten behaupten, nichts von den Turbokühen und Schweineboxen zu wissen. Doch es gibt Spuren: Mais. Man sieht zwar nicht, was hier in der Gegend für Tiere gezüchtet werden, aber man kann es riechen. Schweine, etwas streng, Rinder, beinahe mild. Geflügel ist aus Angst vor Viren so hermetisch abgeschottet, dass es verdächtig wenig zu riechen gibt. Und eins ist sicher: Wo so viel Vieh gedeiht, sind Schlachthöfe nicht weit. Das Niedriglohngebiet Deutschland ist das Billigschlachthaus Europas. Subventioniertes Fleisch für den Export, gemästet mit Soja vom Amazonas. Ergebnis frei nach Tucholsky: Die Gewinne sind privat und die Gülle bleibt dem Staat.
Hier irgendwo müssten dann auch die Leute sein, die das in alle Welt exportierte Billigfleisch herstellen. Die Ernte- und Schlachthaushelfer, die sogenannten Phantome, die nicht angemeldet sind, in Sammelunterkünften hausen, kein Konto und keine Krankenversicherung haben, weil die EU sie als »Entsandte« ausbeuten lässt.

Rethem. Auch wenn es hier nichts zu sehen gibt, gibt es etwas zu sehen. Zum Beispiel, wie manche Orte aus dieser Ökonomie einfach herausfallen. Am Ortsausgang an der Aller die alte Burg und eine Blockwindmühle. Könnte auch das Drehhaus einer Babajaga sein. Der Weg führt eine Weile an der Aller entlang, bevor wir den Fluss wieder verlieren.

Schon am Vormittag hat die Hitze alles in ihrem atemberaubenden Griff. An einem Siel sitzen wir unter einer Eiche. Beim Fallen machen die Eicheln drei unterschiedliche Geräusche. Das erste, wenn sie Blätter streifen und auf Äste treffen, das zweite, wenn sie mit einem trockenen Plopp auf dem Boden aufkommen und das dritte, wenn sie nach einem kleiner Hüpfer wieder landen.

Die Früchte von Linden explodieren unter den Reifen. Die trockenen Blätter der Pappeln machen ein Geräusch, als fahre man über Papier. Langsam, aber sicher nähern wir uns der Heide. Wie die Kiefern in der Sonne duften!

Ein leichter Wind kommt auf. Aus Osten. Also von vorn. Ein Paar, das wenig sportlich wirkt, überholt uns ganz locker. E-Bike, sagt sie. Sofort werden wir schneller. Ein genetisch bedingter Reflex? Oder Sozialneid? Wir bleiben dran. Der Abstand vergrößert sich nicht. Als die anderen anhalten, um etwas zu trinken, ziehen wir an ihnen vorbei, ohne ihnen Beachtung zu schenken.

Wir kommen an einem stillgelegten Bahnhof vorbei. Eilte steht auf dem Gebäude. Material für einen kleinen Kalauer: Die Elite eilte eitel davon.

Der Himmel ist beängstigend blau.

Bothmers berühmte Hollandmühle reckt ihre Flügel in den Himmel. Ein Beispiel für frühen Technologietransfer. Aber es gibt hier noch mehr zu sehen. Ein historisches Backhaus und die alte Dorfschule. Oft versteht man erst durch den historischen Vergleich, dass es nicht nur eine Möglichkeit zu leben gibt, dass auch die Digitalisierung nur eine vorübergehende Erscheinung sein könnte, die spätere Generationen mit Staunen oder Kopfschütteln in Museen betrachten und sich dabei fragen, wie man Autos, Häuser, Städte, den ganzen Planeten mit einer Technologie überziehen konnte, die so viele negative Entwicklungen erst richtig in Gang gebracht hat.

Schwarmstedt, Erholungsort, staatlich anerkannt. Irgendwie finden die Dörfer hier nicht statt. Als hätten sich die Leute, die hier wohnen, nicht auf eine Mitte einigen können. Oder anders gesagt: Jeder scheint hier seine eigene Mitte zu sein. Spiegelt sich darin vielleicht das alte dezentrale Denken der Sachsen? Oder einfach nur norddeutsche Sturheit?
Im Garten einer Pizzeria machen wir Mittag, wespenumschwirrt. Am Nebentisch ein Vater mit seiner Tochter. Beide reden die ganze Zeit über Recruiting und wer in ihrer Firma welchen Porsche fährt. Sie ist tätig im Operations-Bereich für ein Event mit einem Haufen

Volunteers, mit Side-Events, Catering und Easy-Mitmach-Angeboten.

Als nächste Attraktion bietet uns die Karte einen Badesee an. Der Wasserspiegel ist durch die Trockenheit enttäuschend niedrig. Der ganze See schimmert grün, weil die Tentakeln der Pflanzen bis an die Oberfläche reichen. Das Wasser ist warm wie Tee, erst in der Mitte wird es kühler. Am Rand des Sees stehen Bäume. Wir legen uns in ihren Schatten. Ein paar Meter weiter läuft Musik. Dazu der Wind und kleine Wolken, die den Himmel in der Ferne weiß aussehen lassen. Ein Jazzpiano, ein Saxophon, Lou Reed, *it's such a perfect day.* Der Sand, der Schatten, der Wind. *I'm glad I spent it with you.*

Was für eine schöne Pause! Jetzt strampeln wir gegen den Wind und gegen die Sonne. Die mit den E-Bikes ziehen locker an uns vorbei. Als Überholte, dagegen kann man anscheinend nichts machen, fühlen wir uns abgehängt. Obwohl wir uns bis vor einer Minute auf unseren Fahrrädern gar nicht als Abgehängte betrachtet haben. Das heißt: absolut sind wir zufrieden, im Vergleich aber nicht. Leidet unser sozialer Status? Wer sich abgehängt fühlt, hat auch schnell das Gefühl, gar nicht mehr wahrgenommen zu werden und nicht mehr dazu zu gehören. Vielleicht sollten wir uns auch E-Bikes kaufen. Wie stehen wir da, wenn alle unsere Freunde eins haben? Wenn alle Jugendlichen mit E-Bikes aufwachsen, dann werden wir bald gefragt werden, warum wir uns das Leben so schwer machen. Ob das vielleicht ideologisch sei oder ob wir uns E-Bikes einfach nicht leisten können? Die Hitze und das Denken. Um was geht es eigentlich? Tempo? Bequemlichkeit? Konkurrenz? Status? Das Medium oder die Botschaft?

Kilometerweit kein Laden und keine Kneipe. Während der Niedersachse hinter dicken Hecken seine üppigen Grünflächen wässert, sind wir kurz vorm Verdursten. Es ist nicht mehr weit bis Winsen. Aber die Hitze ist unser Feind. Ein Licht wie in einem Italo-Western. Sie fällt bald vom Sattel. Meine Lippen sind von der Sonne und der Hitze aufgeplatzt. Wir reden nicht mehr. Höre ich Musik? Eine Mundharmonika? Ein paar gezupfte Gitarrentöne: dam dam dam dam damdadada. Ich sehe einen Ölförderturm. Halluzination? Fata Morgana? Haben wir uns verfahren? Erschöpfung führt zu Fehlern und Fehler zu noch mehr Erschöpfung. Dann nimmt das Verhängnis seinen Lauf. Wir landen an einer vierspurigen Durchgangsstraße. Auf der andern Seite eine Tankstelle, nein, ein Tankstellenparadies: eine Oase. Jetzt müssen wir nur noch über die Straße.
Im Schatten des kleinen Supermarkts mit großer Theke stehen ein paar Tische und Stühle auf dem Asphalt, daran Biertrinker und Biertrinkerinnen. Die Accatones von Wietze beim dritten oder vierten Gläschen. Der Innenraum ist heftig klimatisiert. Wir kaufen jeder eine eiskalte Cola und setzen uns direkt unter die aus der Decke strömende Polarluft. Was für ein Wunder!
Eine Frau torkelt herein und klammert sich an die Theke. Tja, Alkohol und Hitze. Sie wischt sich den Schweiß aus dem Gesicht und fragt, ob es hier eine Bundesstraße nach Celle gebe. Ach, sie gehört gar nicht dazu? Sie käme von der Autobahn, totaler Stau. Bei dieser Hitze.

Sie halte es nicht mehr aus. Sie müsse zu einem Ärztekongress.
Wir schauen uns schweigend an. Wie der Rahmen und die Erschöpfung das Bild bestimmen, das man sich macht.

Als wir weiterfahren, ist der Förderturm immer noch da. Wietze, am Rand der Lüneburger Heide, ist Wiege und Ursprung der deutschen Erdölförderung. Im Jahr 1858 wurde hier eine der weltweit ersten Bohrungen unternommen, durch die Öl gefördert wurde. Der Turm, ein Zaun, ein Museum. Und die Tankstelle hinter uns bekommt eine ganz neue Dimension.

Je näher wir Winsen kommen, desto dichter der Verkehr. Die E-Bike-Fahrer huschen an uns vorbei. Sie werden früher unter der Dusche stehen als wir und die Tische in den Restaurants besetzen.

Ich habe vor drei Tagen eine ganze Weile mit der älteren Dame wegen des Zimmers telefoniert. Aber jetzt erinnert sie sich nicht mehr. Aufgeschrieben scheint sie auch nichts zu haben. Das stürzt sie in ein tiefes Nachdenken und völlige Untätigkeit. Wir stehen mit unserem Gepäck betreten im Hausflur. Nach gut fünf Minuten kehrt das Leben in sie zurück. Sie sagt, dass das gar nichts mache, denn sie habe ja noch ein Zimmer für zwei Personen frei. Dann müsse der andere Gast, den sie noch erwarte, eben das kleinere nehmen. Und: sie hätte das Geld gern sofort.
Als wir ihr das Geld gegeben haben, schauen wir uns an und sehen, dass uns gerade die gleiche Frage durch den

Kopf geht. Was machen wir, wenn sie sich morgen nicht mehr daran erinnert?

Gestern hatten wir ein heißes Zimmer auf dem Land, heute ein antiquarisches in einer kleinen Stadt. Wieder im Dachgeschoss. Aber man kann einen lindernden Durchzug erzeugen. Im Bad grünbraune Kacheln. Eine Farbe, die nur ein Psychopath aus den siebziger Jahren ausgewählt haben kann.
Wir duschen und hängen etwas rum. Da hören wir, wie unten der andere Gast ankommt. Kurz darauf geht die Tür unseres Zimmers auf. Ein fülliger Mann tritt ein, stellt seine Koffer ab und sagt, ohne uns wirklich wahrzunehmen, »Guten Abend«. Als wir antworten, wird er stutzig, entschuldigt sich, rafft seine Sachen zusammen und dreht wieder um. Unten hören wir unsere Vermieterin: Ach, da habe ich ja wieder eine große Eselei begangen.

Winsen ist wie ein Kindergeburtstag. Schon um neun haben die beiden Eisdielen und die Gasthäuser geschlossen. Wenn man etwas erleben will, muss man zu Rewe.

Auf der Allerbrücke warten wir mit ein paar anderen Leuten auf den angekündigten nächtlichen Blutmond. Es ist diesig. Da, ein kleines Mädchen hat ihn entdeckt. Wir sehen, dass wir fast nichts sehen. In den nächsten Tagen erfahren wir, dass das ein Moment von großer medialer Relevanz war.

Wer tritt heute noch selbst?

Zum Kaffeetrinken gehen wir in die Filiale einer Großbäckerei. Morgens um acht sitzen vier Männer an einem Tisch vor der Tür, trinken Kaffee, essen Teilchen und begrüßen jeden, der einkaufen kommt, mit einem dummen Spruch. Ich fühle mich fast schon wie zu Hause.

Angesichts der hier vorherrschenden Körpernorm können wir uns als extrem schlank betrachten.

Wir überqueren die Aller. Dann bleibt sie wie gestern lange unsichtbar. Der Allerradweg, könnte man meinen, ist die Erfindung der Marketingabteilung eines Tourismusbüros. Eine Marke ohne Produkt. Wir fahren durch Wälder und Dörfer und über Feldwege. Das Ufer des Flusses ist privatisiert, für Ackerbau, Viehzucht und ab und zu ein paar repräsentative Häuser.

Celle. Wir glauben, dass wir uns mittlerweile an die Hitze gewöhnt haben. Pause an einer Eisdiele. Das Eis schmeckt, wie ein Eis in Deutschland so schmeckt. Mit dem Bier ist es genauso. Und erst die Brötchen. Im Bioladen kaufen wir etwas Proviant und rollen langsam in die Auenlandschaft hinter Celle hinein.

Die Statistik gibt unseren Beobachtungen Recht. Mittlerweile werden in Deutschland mehr E-Bikes als Fahrräder verkauft, Tendenz steigend. In den Bergen dringen Menschen mit E-Mountainbikes in Regionen vor, die für sie bisher nicht erreichbar waren.

Mais und Tiere. Mais und Tiere und Wanderarbeiter. Biogas. Karpfenteiche und Gülle. Aber, sagte der kleine Prinz, das Wesentliche ist für die Augen unsichtbar. Zum Beispiel die Agrarreform der EU für das Jahr 2020: Weniger Mittel für nachhaltige Produktion, Degradierung des Begleitausschusses. Statt eines »angemessenen« Schutzes von Feuchtgebieten und Mooren nur noch ein »Mindestmaß«. Reduktion der »freiwilligen Leistungen« für Klima- und Umweltschutzmaßnahmen und eine Fortsetzung der Bemessung der Subventionen an der Größe der Agrarflächen. Die Landwirtschaftsministerin aus dem Guldental macht dazu ein nettes Gesicht und hat ihre eigene Logik: Umweltauflagen müssten für die Landwirte auch umsetzbar sein, schließlich machten die Subventionen bis zu fünfzig Prozent ihres Einkommens aus.
Dünge- und Pflanzenschutzmittel, meldet die Zeitung unseres Vertrauens, tragen in Deutschland fast fünfzig Prozent zur Belastung durch Feinstaub bei. Zudem ergebe die Kombination all der Substanzen, die auf die Felder kommen, eine gefährliche Mischung. Wer will da noch auf dem Land leben?

Die Hecken um die Höfe sind grün, die Garagen groß. Auf den Weiden wiehern die Pferde. Mitten im Dorf übt der Nachwuchs der Freiwilligen Feuerwehren für den Ernstfall.

Schwachhausen. An einem Freibad unterhalten wir uns mit dem Bademeister. Ja, der Allerradweg, der ist hier, genau hier, wo wir stehen, zu Ende. Es ist heiß und schwül. Unerträglich. Am Himmel geht etwas vor. Hier, sagt er, kommt garantiert nichts runter. Da ist die Aller, da der Mittellandkanal und wir haben Ostwind. Da bleiben wir mal ganz tiefenentspannt.

Die Schwüle hat etwas Bedrohliches. Und die Grautöne der Wolken verdunkeln sich auf eine gespenstische Weise. Müden ist der nächste größere Ort. Der Ostwind frischt auf. Zu dumm, dass wir genau dahin unterwegs sind. Wir treten mit aller Kraft in die Pedale und doch ist es, als würden wir stehen. Von Süden kommt eine schwarze Wand auf uns zu. Die Streckenführung ist kompliziert. Hitze, Wind, Erschöpfung und eine panische Ahnung. Die perfekte Ausgangslage für falsche Entscheidungen.
Wir sind auf die Landstraße geraten und versuchen Tempo zu machen. Bleib einfach dran! Sie soll in meinem Windschatten fahren. Wir sind beide gereizt. Da spitzt sich was zu. War das ein Blitz? Jetzt heißt es, Panik vermeiden. Fahren und denken. Weit und breit kein Unterstand. Stillgelegt der Bahnhof in Flettmar. Noch zwei, drei Kilometer bis Müden. Die Einheimischen gehen gleichgültig ihrem Nichtstun nach. Vor einem runtergekommenen Haus sitzt ein Mann auf den Treppenstufen, in der einen Hand eine Zigarette, in der anderen eine Bierflasche, und schaut uns interessiert hinterher.
Sie will, was da auf uns zukommt, an einer Tankstelle abwarten. Aber der Verkaufsraum ist geschlossen. Der Wind frischt auf, treibt Staub durch die Straße, wie in einem Western. Lass uns weiter, dränge ich und weiß schon, als ich es sage, dass das vielleicht keine gute Idee ist. Das Risiko nimmt rasant zu. Aber was willst du bei Regen und Sturm unter einem Tankstellendach?

Endlich! Wir sind in Müden. Die Ortsmitte ist eine Kreuzung. Auf der gegenüberliegenden Straßenseite ein Imbiss, vor dem zwei junge Männer unbeeindruckt von dem bevorstehenden Wetterphänomen auf Plastikstühlen chillen. Daneben ein Pizza-Abhol-Restaurant. Als wir die Fahrräder abstellen wollen, fegt eine Windböe durch die Straße, wirft den altmodischen Fahrradständer um, wirbelt die leeren Plastikstühle durch die Luft, und völlig übergangslos beginnt es wie aus Kübeln zu schütten. Jetzt ist sich jeder selbst der Nächste. Das Gepäck! Sie flüchtet in den Eingang der Pizzeria. Ich sattele ab. Der Regen tut gut. Es pladdert, es gatscht. Das Gepäck! Schnell! Stück für Stück in den Eingang. Aber auch da klatscht der Regen wie aus Eimern hinein.
Wir schleppen die triefenden Satteltaschen in den Gastraum. Hier steht die Luft, die Hitze von Wochen und die Schwüle des Tages. Im Hintergrund der Pizzaofen. Der Regen macht aus dem Raum eine Sauna. Ich weiß nicht, was da von mir runtertropft, Regen oder Schweiß. Unser Gepäck erzeugt eine schnell größer werdende Pfütze auf dem Boden. Der Wirt sieht das gelassen. Er redet mit seinem Fahrer in einer Sprache, die wir beide nicht kennen. Zwei Kaffee. Das war ein Fehler. Ich schwitze noch mehr. Nach fünfzehn Minuten bestellen wir etwas zu essen.
Draußen tobt der Sturm durch die Straße. Ab und zu zuckt im schäumenden Grau ein Blitz. Der erste Regen seit April. So wie er angefangen hat, hört er wieder auf. Plötzlich ist es kühl und schwül. Aus den anderen Häusern treten langsam die Leute hervor, als wollten sie nachsehen, ob die Welt noch die ist, die sie mal war. Draußen erwartet uns ein Temperatursturz. Wir holen

die Regensachen raus, um uns vor den tropfenden Bäumen zu schützen, fahren weiter, freuen uns über den Regen und unser Glück.

Gifhorn ist aufregender als wir dachten. Die Altstadt und das Welfenschloss. Als wir den Schlosshof wieder verlassen, sehen wir in der Abendsonne leicht erhöht auf einem Hügel über einem glitzernden See goldene Kuppeln. Eine orthodoxe Kirche? So weit östlich sind wir doch gar nicht. Und was ist das daneben? Ein Elbenschloss? Sonnenstich? Hitzekoller? Der kleine Faltplan erklärt uns, was wir sehen: Neben der orthodoxen Kirche steht der Glockenpalast, ein Europäisches Kunsthandwerker-Institut, das einem Kloster im altrussischen Stil nachempfunden ist. Den Grundstein legte Michail Gorbatschow. Und nebenan gibt es ein Mühlenmuseum. Don Quijotes Abenteuerland.

Das Bad im Hotel: Ein Spiegel mit einer Beleuchtung, die Depressionen auslöst.

Was haben wir nicht alles gesehen

Ein ungewöhnlicher historischer Dreiklang: Gifhorn, Wolfsburg, Oebisfelde. Am Bahnhof von Wolfsburg Parkplätze, so weit das Auge reicht. In Oebisfelde die Stille Sachsen-Anhalts. Nur zehn Minuten vom größten Autobauer der Welt entfernt.

Die Bedürfnispyramide. Warum dieser Begriff? Manchmal sind Assoziationen rätselhaft. Vielleicht haben sich

die Intellektuellen in den letzten Jahren vorrangig für Selbstverwirklichungsfragen interessiert. Noch 1970 nahm Maslow an, dass höchstens zwei Prozent der Menschheit diese Bedürfnisebene erreicht haben. Für den Rest seien die darunter liegenden Bedürfnisse noch nicht befriedigt gewesen. Und wie sieht es heute aus? Vielleicht verliert man in der Spitze der Pyramide das Verständnis für diejenigen, die sich mit Grund-, Sicherheits- und sozialen Bedürfnissen herumschlagen. Würde es sonst so viele Kongresse zum Thema Empathie geben?
Wenn man Oebisfelde mit Gifhorn vergleicht, kann man verstehen, dass sich die Leute drittklassig fühlen. Dabei könnte man hier wesentlich freier leben. Schließlich fallen viele Statusprobleme einfach weg. Dann könnte man Gifhorn mit Celle vergleichen. Und Celle mit Hamburg, Hamburg mit London. Es gibt immer einen Grund, sich minderwertig oder überlegen zu fühlen.

Wir schieben die Räder bergab bis zur Burg. Es ist wieder heiß und scheint mit jedem Schritt heißer zu werden. Kurze Pause im Mittelalter. Im 10. Jahrhundert diente die Wasserburg zum Schutz des Übergangs über die Aller. Die Sonne brennt gnadenlos vom wolkenlosen Himmel. Langsam rollen wir aus der Stadt in die Felder. Bäume sind eher selten. Der Allerradweg bleibt eine Fiktion. Aber was soll's, leben wir nicht alle in einer Fiktion?

Zeit für ein Fazit: Wir haben Tiere gesehen. Ein Reh, einen Hasen, ein Wildschwein (im Gehege) und verschiedene Arten von Vögeln. In Zukunft sollten wir beim Planen unserer Touren vielleicht auch die Belastung durch Feinstaub, Dünger und alle möglichen anderen Substanzen beachten. Andererseits ist es ja ganz gut, sich selbst ein Bild zu machen, von der Welt, in der man lebt.

Es ist still. Kein Insektengeräusch, kein Vogelgesang. Eine Landschaft, über der das Gefühl von Leere liegt. Eine große Einsamkeit. Auch wenn diejenigen, die ein Teil der Maschinerie sind, mit der Notwendigkeit argumentieren, sollten wir, die wir frei in der Welt leben und in Möglichkeiten denken, uns nicht abschrecken lassen. Was würde sein, wenn die Subventionen anders eingesetzt werden? Ökologischer Landbau macht viel zu viel Arbeit, heißt es. Die Preise, die Preise! Wie wäre es mit einem ökologischen Jahr für alle? Aber die Freiheit, die Freiheit! Ja, natürlich: die Freiheit. Ein freiwilliges ökologisches Jahr. Die auf den Dörfern leer stehenden Häuser würden bewohnt, die Dörfer selbst würden aufblühen. Junge und Alte, Land- und Stadtbevölkerung kämen in Kontakt, lernten sich kennen. Wer will, kann eine Ausbildung machen. Auch in der ökologischen Landwirtschaft und auf den Dörfern gibt es Maschinen, Computer, Homeoffice, Bedarf an Ärztinnen und Pflegern. Die Wohnungsnot in den Städten ginge zurück, die Arbeitsplätze wären langfristig gesichert, die Menschen wären gesünder, die Luft und das Wasser besser, die sozialen Konflikte geringer. Man führe zum Feiern und Chillen aufs Land oder in die Stadt. Und so eine Radtour hätte einen ganz anderen Charakter.

Die Wüste wächst: weh dem, der Wüsten birgt!

Wir nähern uns der Quelle. Das heißt, es geht stetig bergauf. Radwege gibt es nicht mehr. Aber eine Landstraße parallel zu unserem kleinen Fluss. Kein Verkehr, es ist Sonntag. Felder ohne Menschen, so weit das Auge reicht. Am Horizont der Lappwald. Wir überwinden den Butterberg, 91 Meter, rollen durch Gehrendorf, ehemaliges Sperrgebiet. Drei jugendliche Hippies kommen uns nebeneinander auf der Straße entgegen. Hier gibt es günstigen Wohnraum. Es soll sogar vorkommen, dass man Geld dafür bekommt, hier zu wohnen, damit die Häuser nicht leer stehen.
Und es soll völkische Siedler geben. Großfamilien, rechte Ökos, die eine systematische Landnahme betreiben, sich vernetzen, gemeinsam Kinder großziehen, die Gemeinden unterwandern und an einer langfristigen politischen Wende arbeiten. Sie haben Gemeinschaft, Nachbarschaftshilfe, Heimatliebe, Ökologie, gegenseitige Anerkennung und Zukunft im Angebot. Doch kann man, wo der Staat so ein Vakuum geschaffen hat, überhaupt noch von Unterwandern reden?

Auf der Straße weiter nach Lockstedt. Abbiegen nach Westen. Ein Umleitungsschild. Wir schauen auf die Karte. Nee! Zehn Kilometer Umleitung! Wir sind schon wieder vollkommen alle. Noch nicht mal Mittag. Was für eine Hitze. Wir fahren weiter. Vollsperrung der Straße. Die Brücke über die Aller abgerissen. Die neue Brücke mit Fahrrädern noch nicht passierbar. Daneben haben die Arbeiter einen fetten Stahlträger über den Fluss gelegt. Wir fixieren das Ding. Zum Fahren ist er zu schmal. Zum Schieben erst recht. Ich nehme mein Rad unter den Arm und tänzele damit auf die andere

Seite. Unter mir der reißende Fluss. Zurück, um ihr Rad zu holen. Als ich drüben bin und mich umdrehe, sehe ich, wie sie elegant über den schmalen Steg schreitet. Von Sachsen-Anhalt nach Niedersachsen, von der DDR in die BRD, vom Gebiet des Warschauer Pakts in den Bereich der Nato, vom Sozialismus in den … ach, lassen wir das.

Die Straße bis Warberg haben wir in ihrer ganzen Breite für uns. Auch Saalsdorf wie ausgestorben. Ab und zu ein Auto, aber keine freilaufenden Menschen. Es ist Sonntag, es ist heiß und wir sind auf dem Dorf. Und gestern, das zeigt ein Banner über der Straße, war Schützenfest.

Wir kommen nach Sachsen-Anhalt zurück. In einem so großen Dorf wie Weferlingen wird es bestimmt eine Gastwirtschaft geben. Der Weg dorthin ist märchenhaft, ein Stück Schlaraffenland. Eine kilometerlange Obstallee. Rechts und links der Straße Apfel- und Birnbäume, Pflaumen und Mirabellen. Nur alles noch nicht reif. In Weferlingen scheint eine Neutronenbombe hochgegangen zu sein. Alles schön renoviert, aber kein einziger Mensch, kein Gasthaus, kein Wasser, keine Cola.
Ich rufe bei meiner Mutter an und sage, dass es noch etwas dauert, bis wir kommen. Sie meint, vor Walbeck müsse es eine Waldgaststätte geben, die Schranke heißt. Oder so ähnlich.

Wir steigen wieder auf und kämpfen uns weiter. Es ist heißer als heiß. Hinter Weferlingen führt der Weg durch den Wald, das Hagholz. Etwas kühler. Wäre da nicht der lose Untergrund. Wir schwitzen. Es geht bergauf. Nicht heftig, aber ständig bergauf, über schotterähnlichen, etwas zu großzügig hingeschütteten Kies. Wir überqueren eine Bahnlinie und kommen dann in einem Bogen wieder auf die Landstraße zurück. Da ist eine Kreuzung und an der Kreuzung etwas bergab: Die Barriere.

Wäre es nicht so heiß, würden mir zu dem Namen des Gasthauses auf Anhieb eine Handvoll Geschichten einfallen. Sieht wenig vertrauenswürdig aus. Wir wollen lieber draußen bleiben. Aber es kommt niemand. Ich gehe rein. Da sind nur zwei Gäste, die auch nicht wissen, wo die Bedienung gerade ist. Es gibt eine Tür, danach einen riesigen Saal, aus dem Garten dahinter Stimmen. Hört sich an wie ein Selbstfindungskurs. Als ich wieder rausgehen will, kommt sie mir entgegen und flüstert, die Stühle draußen wären alle kaputt. Hitze und Durst und Verzweiflung. Aber hier drin ist alles erstaunlich normal. Viel Holz, viel Platz, etwas veraltet, als wäre die Zeit stehen geblieben. Um so etwas zu sehen, geht man auf Reisen. Da kommt eine junge Frau und rettet uns im letzten Moment vor dem Verdursten.

Walbeck ist ein schönes Dorf, hügelig, der Sarkophag von Lothar dem Zweiten steht hier. Außerdem treffen hier die Straße der Romanik, die Aller und die Erlebnisstraße der Deutschen Einheit aufeinander. Ein historischer und zeitgeschichtlicher Hotspot. Die Hitze macht uns zu schaffen. Aber das ist ja nicht neu. Wir fragen nach dem Weg. Da vorne rechts, dann links und dann nicht geradeaus, sondern halblinks und dann rechts. Alles klar?

Wir kommen zu einem Waldbad. Aber so kurz vor unserem Ziel wollen wir keine Pause mehr machen. Kein Schild, zwei Wege. Wir nehmen den alten Kopfsteinpflasterweg und ruckeln und huppeln bergauf. Reisen muss früher wirklich beschwerlich gewesen sein.
Wer hätte gedacht, dass der Lappwald solche Steigungen hat. Das Pflaster hört auf. Vielleicht doch der falsche Weg? Aha, ein demontierter Wachturm. Das sieht gut aus. Wir sind im Wald, es ist schwül und es geht schnurgerade den Kleiberg hinauf, 145 Meter.
Dann ist der Weg plötzlich zu Ende. Windbruch. Ein vom Gewitter entwurzelter Baum liegt quer vor unseren Füßen. Keine Chance, rechts oder links vorbeizukommen. Also erst mal Forstarbeiten: Äste wegzerren, Äste abbrechen und wegschaffen. Ohne Hebelwirkung und Schweiß geht hier nichts. Endlich eine Schneise. Fahrrad in die Hand und über den Stamm. Es geht bergauf, bis zur Zweiten Walbecker Warte. Dann plötzlich bergab durch ein Bachtal und dann und wieder bergauf zur Ersten Walbecker Warte, 194 Meter.

Hier treffen vier Wege in abenteuerlichen Winkeln aufeinander. Zum Glück sitzt dort ein übergewichtiges Paar rauchend neben zwei E-Bikes auf einer Bank. Sie geben freudig Auskunft, als würde eher selten jemand fragen, wie man über den Bötschenberg nach Helmstedt kommt. Der Weg hier sei schlecht, aber nur kurz, dann über den nächsten rüber und weiter hinten nach links, dann den nächsten gleich wieder rechts und dann müsstet ihr am Bötschenberg sein. Wer hätte gedacht, dass es hier so viele Wege gibt. Und während wir fahren, fällt mir ein, dass ich mich hier noch nie wirklich ausgekannt habe.

Wir wechseln so oft die Richtung, dass wir noch mal einen anderen Radfahrer fragen müssen. Aber dann sind wir da: der Bötschenberg. Wir treten aus dem Wald. Unter uns Helmstedt und in der Ferne der Harz. Von nun an geht es bergab, unter der A2 durch, den Roten Torweg hinunter, über die Goethestraße, die ehemalige Domäne, an den Obstbäumen vorbei, die ein Freund meiner Eltern gepflanzt hat, dann durch den Ostendorf wieder etwas hinauf, direkt vor das Tor, das in meine Kindheit führt.

Großes Hallo. Na, ihr werdet ja ganz schön müde sein. Von Oebisfelde bis hierher? Was trinken? Das Essen ist fertig. Was Leichtes, bei dieser Hitze, das hält man ja nicht aus. Ich habe den ganzen Tag über alles zugemacht, aber es ist trotzdem so warm. Da! Draußen neununddreißig Grad und drinnen siebenunddreißig.
Ein Fachwerkhaus ist nicht für diese Hitze gemacht.

Auf der Suche nach Kühle

Am nächsten Tag setzen wir uns ins Auto, stellen die Klimaanlage an und fahren über den Elm nach Schöppenstedt. Auch so ein Ort, der aus der Zeit und aus der allgemeinen Entwicklung herausgefallen ist. Die Frau, die im Till-Eulenspiegel-Museum an der Kasse steht, tupft sich mit einem weißen Taschentuch den Schweiß aus dem Ausschnitt. Ich frage, ob Daniel Kehlmann schon da gewesen sei. Nein, antwortet sie, heute noch nicht. Aber so genau wisse sie das eigentlich nicht, denn das sei ihr erster Tag.

Auch in Helmstedt wird fleißig gebaut und restauriert. Man sieht immer mehr Afrikaner auf den Gerüsten. Über der kleinen Stadt eine Hitze, als brüte der Sommer noch etwas aus.

Back in the USSR

Lied eines Sommers

The wind is in from Africa
Last night I couldn't sleep
Joni Mitchell

Ein Ausflug vor der Reise

Ein spontaner Anruf von Groundhopper Jonnie reißt mich aus meiner Routine. Wir verabreden uns in Dreieich auf dem Bahnhof.
Dreieich ist neu in der vierten Liga und spielt gegen Balingen, auch ein Aufsteiger. Über einen staubigen Feldweg nähern wir uns der Arena. Mit dem Auto dürfen hier nur wichtige Leute fahren. Ihr Ziel: der Vip-Parkplatz. Darüber auf einem grünen Hügel die Vip-Lounge mit Glasfront und Blick auf das Spielfeld. Fast wie in der richtigen Liga, mit ihren Logen, in der die richtig Reichen verkehren. Fußball, sagt man, sei ein Spiegelbild unserer Gesellschaft.
Hat das, frage ich Jonnie, und deute mit einer Kopfbewegung auf die Anlage, noch etwas mit einem Spiel zu tun. Er winkt ab, im Gesicht ein leichter Anflug von Enttäuschung.

Der Platz ist nagelneu, mit einem nagelneuen zwei Meter hohen Gitterzaun drum herum. Jonnie zahlt 66 Euro für drei Personen. Das geht selbst ihm etwas zu weit.

Nach dem Sicherheitscheck schlendern wir über einen Alptraum aus frischem Verbundsteinpflaster, an einem blau blendenden Tartanplatz und einer knallbunten Hüpfburg vorbei. Kein Baum, kein Schatten. In der prallen Sonne vier Buden: eine für Bier, eine für Pommes, eine für Würstchen und eine für die anderen Getränke. Ein Ort, an dem sich etwas manifestiert. Irgendwer scheint drauf zu hoffen, dass diese Organisation ihr Ziel in sich selbst hat, und die darin liegende Kraft zwangsläufig zur Vollendung dessen führt, was hier organisiert wird. Man spürt gleichzeitig die Dominanz einer Idee und die Abwesenheit aller anderen Ideen.

In der seltsamen Wärme unter einem weißen Kunststoffbaldachin hören wir die Fetzen eines Gesprächs. Wenn die Mannschaft am Ende der Saison nicht erfolgreich sei, habe der Sponsor gesagt, dann tausche er zehn Spieler aus. Es wird getan, was getan werden muss. Aber wer, frage ich mich, tauscht den Sponsor aus, wenn alle Spieler ausgetauscht, verkauft und neue eingekauft sind und der Erfolg trotzdem ausbleibt?
Die Sonne brennt gnadenlos auf uns und auf die Fußballkulisse herab. Jungunternehmer und Jungfunktionäre üben für ihren Auftritt in höheren Ligen. Alle Akteure, das muss man ihnen lassen, sind bestens frisiert.
So wie die ganze Anlage ist auch das Spielfeld umzäunt. Die Spieler sind ein- und wir ausgesperrt. Optisch wird das Spiel durch senkrechte Pfosten und die Rechtecke des Zauns strukturiert. Was hat das zu bedeuten? Die Dreieicher Fans lassen das Spiel emotionslos an sich vorbeilaufen. Oder sollte man sagen: das Produkt? Alles aalglatt, auf einem guten Niveau. Nur das dreckige Dut-

zend Balinger Fans ist in Stimmung. Sie trommeln und grölen: Trinkpause, Trinkpause ... Auswärtssieg! Und: Ohne uns wär hier gar nichts los! Das kommt der Wahrheit sehr nahe.
Ergebnis: ein müdes Einszueins.

Nach dem Spiel folgt eine Direktübertragung der Pressekonferenz aus dem vereinseigenen Pressezentrum auf die Platzmonitore. Wir gehen, schläfrig vor Hitze und Langeweile. Auf unserer Seite des Zauns stehen die Spielerfrauen, auf dem Arm ihre Kinder, die ihre kleinen Hände durch das Gitter des Zauns strecken und die Väter halten ihnen von innen ihre Finger hin.
Was würde passieren, wenn plötzlich nichts mehr von diesem Sport zu hören und zu sehen wäre? Kein Aufstieg und kein Abstieg, keine Trainerentlassungen, keine Saisonziele, kein Platz in der Startelf, keine Ablösesumme, keine Pokalspiele, keine Spielerinterviews, kein Torschützenkönig?

Ein Ziel in sich selbst

Auf den Titelseiten der Zeitungen brennende Wälder. Wissenschaftler warnen und warnen. Ist Literatur kompostierbar, frage ich mich. Warum überhaupt schreiben in so einer Situation? Und was? Für wen?

Wie man sich auf Regen freuen kann.

Mitte August ist der Sommer noch groß. Doch langsam wird sein Gleißen zu einem Glänzen. Die Farben sind plötzlich weich, eine Mischung aus Kitsch und Entspannung. Das Jahr hat seine Pflicht erfüllt.

Ich sage zu ihr, ich würde gern mal nach Russland. Da klingelt das Telefon und jemand fragt, ob ich ein paar Tage nach Uljanowsk fahren wolle, das sei an der Wolga, Deutsche Tage.

Wahrscheinlich werden wir abgehört. Aber von wem?

Jeden Tag scheint die Temperatur noch etwas zu steigen. Der Sommer legt einen gewaltigen Endspurt hin. Die Dachdecker auf dem Haus gegenüber sprechen Polnisch. An der Straßenecke stimmen die braungebrannten Gehweggestalter ihr Instrument: den Steinschneider. Das Stück, das sie spielen, heißt »Verbundpflaster«. Steine aus Beton in jeder denkbaren Form, meistens grau.
Das Schneiden hat zwei Geräuschkomponenten, das tiefere, wahnsinnige Schneiden von Metall durch Beton, und das Nachlaufen des Sägeblatts, das höher ist, leiser, einen Moment fast melodisch, sich dann aber zynisch in eine irrsinnig schmerzhafte Höhe schraubt.
Beton ist das Wort der Epoche. So, wie der Sand dafür zur Neige geht, geht auch diese Epoche zu Ende.
Der Sound dieses Sommers ist der von Vollbeschäftigung, überquellenden Steuereinnahmen und Wachstum. Beton und Energie. Vielleicht verbirgt sich eine Absicht dahinter, eine perfide Verschwörung: Die Steinschneidemaschine und das Verbundpflaster fräsen sich als Norm in die Gedanken, zerschneiden Gedanken, formieren Gedanken und begraben alle anderen Lösungen

unter etwas, das genau das Gegenteil von dem ist, was nötig wäre. Was könnte man nicht alles tun. Wie leicht wäre das!

Eine seltsame Geschichte: Wettlauf der Systeme, Kalter Krieg, No Future, Kapitalismus global, Befristung aller Verträge, prekäre Arbeitsverhältnisse, eine zweifelhafte Zukunft, geprägt von Krisenerwartungen und Katastrophen. Ich habe schon lange das Gefühl, im falschen Film zu sein.

Wer sagt nicht gerne, dass »Walden« von Thoreau eine Erleuchtung gewesen sei. Oder der Dalai Lama. Andererseits dürften Ökonomie und Ökologie natürlich kein Widerspruch sein. Je öfter man etwas hört, desto plausibler scheint es zu sein. Selbst wenn man es für falsch hält. Die Erklärung ist einfach: Bekanntes braucht wenig Verstehensaufwand.

Schreiben hilft. Erzählen ordnet die Welt. Aber es gibt auch falsche Ordnungen. Und Erzählungen, die von falschen Voraussetzungen ausgehen. Manche Dinge sind so klar wie das Licht im August nach einem Gewitter. Ich tue jetzt lieber nichts, und sage mir, das ist das Wesen des Menschen. Ich habe Zeit. Wenn niemand anders Zeit hat, ist der, der Zeit hat, allein.

Während ich das schreibe, bekommen die Nachbarn gegenüber neue Fenster. Etwas weiter entfernt wird ein ganzes Haus entkernt. So, wie die neuen Besitzer damit umgehen, bekommt man den Eindruck, dass es eigentlich gar nicht mehr bewohnbar war. Es wird gebaut und renoviert, als würde es morgen verboten. Den Rhythmus dazu liefert der Elektro-, Bohr-, Meißel- oder Abrisshammer. Immer wenn man denkt, jetzt ist es gut, geht es wieder los. Manchmal gleichzeitig aus verschiedenen Richtungen. Es ist warm. Aber vor Lärm kann man die Fenster nicht öffnen.

All diese Instrumente hängen eng mit dem zusammen, der sie benutzt. Sie bilden die Stimmung, vielleicht sogar den Charakter des Benutzers in einem Geräusch ab. Man hört, ob er hektisch ist oder ruhig, zappelig, aggressiv, ungeduldig oder genervt. Ein Instrument, auf dem man mit unterschiedlichem Ausdruck tagelang nur einen einzigen Ton spielen kann. Eine unendliche Stupidität, die zeitweise zu einer Wachstumssinfonie anschwillt: das Singen des Schwingschleifers, das Kreischen des Trennschleifers, das Stakkato des Schlagbohrers, das Rattern und Pfeifen von Kapp- und Stichsäge, im Hintergrund das Pfeifen und Ratschen der Motorsense, und bald auch, wenn die Blätter treiben, die Fanfaren der Laubbläser.

Die Geschichten der anderen

Arbeitsagentur. Wir bringen Sie weiter. Es gibt immer etwas zu tun: Unterbrechung anmelden, Verdienst melden, Urlaub melden, Aktivitäten belegen, Maßnahmen akzeptieren, in der Warteschleife seltsame Musik und Versprechen anhören. Mir wäre es lieber gewesen, mein bisheriger Arbeitgeber hätte mich weiterbeschäftigt. In meinem Fall ist die Kasse, aus der das Geld kommt, auch noch dieselbe. So gesehen hat sich ja nicht wirklich etwas geändert. Nur, dass ich dadurch, dass ich mich arbeitslos gemeldet habe, anders eingestuft werde. Weil ich jetzt Geld bekomme und dafür nichts tue, gelte ich als jemand, dem etwas fehlt.

Wenn mir die Zeit manchmal zu lang wird und mir meine Existenz dadurch zu sinnlos erscheint, mache ich Zahlen- und Kreuzworträtsel.

In meinem Alter gewöhnt man sich schnell an die Agentur, die früher mal wie die Post oder die Bahn ein Amt war. Die Agentur geht davon aus, dass man in meinem Alter sowieso keine Arbeit mehr findet. Deshalb taucht man in der Statistik nicht mehr als Arbeitsloser auf. Ich bin also ein Arbeitsloser, der nicht als Arbeitsloser gilt, weil es für ihn keine Aussicht auf Arbeit gibt. Trotzdem muss ich mich wie ein Arbeitsloser, für den es Arbeit gibt, verhalten. Andererseits: Die Agentur lässt mich in Ruhe. Auch kann ich die Arbeitslosigkeit unterbrechen und wieder aufnehmen. Ich kann zu meinen 968 Euro etwas dazuverdienen. Wie würde sich wohl das bedingungslose Grundeinkommen anfühlen? Aber nein, so läuft das hier nicht, zu viel Verstehensaufwand. Ich werde mich wieder selbstständig machen, als Erntehelfer des Geistes und ich werde wieder Mehrwert erzeugen, so subversiv wie möglich, so angepasst wie nötig, auf jeden Fall aber prekär.

Wenn man selbst verreisen will, wird das Chaos an den Flughäfen plötzlich relevant. Ferienbeginn, Überlastung, zu wenig Personal und obendrauf noch ein Streik für mehr Geld und bessere Arbeitsbedingungen. Aber ich fliege mit Aeroflot. Da, sage ich mir, wird es wohl keine Streiks geben.

In »Eine kurze Geschichte der Menschheit« fasst der Autor die Entwicklung von Gesellschaften als Abfolge von Fiktionen auf. Das sei es, was den Menschen ausmache: Er kann sich etwas ausdenken. Zum Beispiel Gesellschaften. Sie beruhen auf Geschichten, an die alle glauben, glauben müssen oder glauben wollen.

Ein kurzer Tag

Ich schultere meinen Rucksack, gebe ihr einen Kuss und steige in den Zug. Am Flughafen dauert es eine Weile, bis ich den Schalter von Aeroflot gefunden habe. Drei angsteinflößende Schlangen. Das könnte knapp werden. Da ich schon online eingecheckt habe, müsste ich doch bevorzugt behandelt werden. Ich spreche einen Mann in Uniform an. Er packt mich am Arm, löst den Gurt einer Sperre, zeigt mir, wo ich hin muss, und stellt mich mitten in eine der Schlangen. Die Leute reagieren, wie Leute reagieren, die so schnell wie möglich irgendwo hin wollen, nun aber erst mal rumstehen müssen. Hinter mir baut sich eine Welle aus Murren auf. Das gehe ja nicht. Das reiche jetzt aber. Ich zucke mit den Schultern. Die Hälfte hätte ich auf Anhieb geschafft. Dummerweise hat mich der Uniformierte mitten in einer Reisegruppe platziert. Also: Ablehnung und Abdrängungsversuche vor mir und eine negative Energie hinter mir. Das ist eine Übung, denke ich. Lass die Wut an dir abfließen. Es geht doch um nichts.

Der Flugplatz als Nicht-Ort. Eine Erfahrung, die man immer wieder neu machen kann.

Noch zweimal Warten. Dann lächeln mich die Stewardessen an, in orangeroten Uniformen mit orangerotem Lippenstift. Aeroflot, alter Freund! Russland. So lautet der Titel der Erzählung, die ich gerade betrete.

Wer früh ins Flugzeug kommt, muss länger warten. Da wird eine Gitarre verstaut. Ich gehe nach vorn. Hallo, ich bin der Autor. Bist du die Sängerin? Sie nickt. Wir sehen uns später. Alles klar.

Während ich warte, mache ich Notizen. Kann man das dann überhaupt noch als Warten bezeichnen? Ich schreibe: Für mich ist das Schreiben vergleichbar mit einer Reise. Man kennt vielleicht das Ziel, aber was auf der Reise passiert, erfährt man erst, wenn man sich auf den Weg macht. Das Schreiben über Reisen verdoppelt diese Erfahrung. Erst beim Erzählen erkennt man, was man erlebt hat. Und noch etwas geht mir durch den Kopf: Wie wichtig ist die Idee, die ich vom Zweck und vom Sinn einer Reise habe?

Gibt es etwas Absurderes als das Essen im Flugzeug?

Der Mann rechts neben mir fliegt nach Sibirien. Ich muss mich weit vorbeugen und auf sein rechtes Ohr sprechen. Das linke sei ihm bei einer Landung im Flugzeug kaputtgegangen. Das waren furchtbare Schmerzen. Er sieht etwas tatarisch aus und spricht astreines Deutsch. Familienbesuch. Er lasse sich da, wo er und seine Frau hinfahren, die Zähne machen. Viel billiger als in Deutschland und genauso gut. Ah, da ist schon Moskau. Schönes Wetter. Das ist ungewöhnlich. Normalerweise regnet es hier.

Als wir den Flugplatz verlassen, fängt die Sängerin zu singen an: Moskau, Moskau, Russland ist ein schönes Land, schmeiß die Gläser an die Wand, hahahahaha. Das wäre das Einzige, was ihr einfalle. Mir geht etwas anderes durch den Kopf: Moskau, what shall we do in Moskau? Wir steigen ins Taxi und der Fahrer stürzt sich in einen Verkehr, der so groß ist wie das Land, diese Stadt und so gnadenlos wie die Hitze 2018.

Auf dem nächsten Flughafen schaffen wir es, die Gitarre wieder als Handgepäck zu deklarieren. Ohne Aufpreis! Fördernd ist bei derartigen Hierarchien eine defensive Beharrlichkeit. Früher oder später, das weiß man anfangs nie so genau, gelangt man an eine Frau oder einen Mann mit ein, zwei oder drei Streifen auf den Schulterstücken und sie oder er sagt dann mit einem lockeren Schulterzucken, es ist alles okay.
Der Blick aus dem Flugzeug vermittelt ein Ausmaß der Trabantenstädte. Ansonsten ist Moskau von Wald umgeben und aus diesem Wald blinken kleinere und größere Seen.
Wir fliegen nach Osten in die Dunkelheit
Neben mir sitzt ein junger Businessman. Blaue Stoffhose, hellblaues Hemd. Als wir in Uljanowsk landen, weiß ich alles über die Stadt. Die Wolga ist hier über einen Kilometer breit. Die Stadt hat zwei Seiten und zwei Brücken. Oben, auf dem Hügel ist ihre gute Seite und da

unten die arme. Produziert werden hier Flugzeuge, Maschinen und Rüstungsgüter. Der FK Wolga Uljanowsk spielt in der dritten Liga. Wir landen auf dem Cargo-Flughafen, weil der Passagierflughafen renoviert wird. Als wir über das Rollfeld zum Bus laufen, weist mich der freundliche Geschäftsmann stolz auf die Antonows hin, die da am Rand aufgereiht stehen.

Unser Veranstalter und eine Assistentin holen uns ab. Er ist jung, hat etwas Flippiges und ist, wie sich im Lauf der Tage herausstellt, ein zuverlässiger Organisator.
Alles gut? Alles gut! Wir fahren in die Dunkelheit. Eine Straße, die so breit ist wie eine Landebahn. Russland ist dunkler als Deutschland.
Wir schauen noch schnell am Haus der Kultur vorbei. Es liegt auf der armen Seite der Stadt. Das Programm, sagt der Veranstalter, sei so ausgelegt, dass wir die Bewohner der Unterstadt einbeziehen. Da die nicht zur Kultur kommen, gehen wir mit der Kultur zu ihnen. Das gab es lange nicht mehr und wir wissen nicht, ob es funktioniert.
Die Straßen sind leer, warme Luft strömt durch die offenen Seitenfenster. Wir fahren über die hundert Jahre alte Brücke, die Imperiale. Die neue sieht man weit hinten über dem schwarzen Wasser, die Brücke des Präsidenten.

Menschen im Hotel

Das Auto schraubt sich über zwei Serpentinen in die Altstadt hinauf. Niedrige Bürgerhäuser, Restaurants,

Geschäfte. Ganz oben auf dem Hügel unser Hotel, ein zwanzig Stockwerke hoher Schuhkarton, der alles überragt. Um auf den Parkplatz zu kommen, muss man mit einem Wächter reden. Das Foyer spiegelt die Weite des Landes. Und die Gleichgültigkeit an der Rezeption, die für einen Deutschen schon fast an Unhöflichkeit grenzt, spiegelt, ja was eigentlich? Die Zarenzeit, die Erfahrungen aus der Leibeigenschaft, die Gewohnheiten und das Selbstbewusstsein des Sozialismus, oder schon die Enttäuschung der neuen Zeit?
Als wir in den vierzehnten Stock zu unseren Zimmern fahren, seufzt die Musikerin. Wie habe sie sich nur auf diese Reise einlassen können. Russland. Das ist ja ein total finsteres Land. Das da unten, das seien doch alles Verbrecher.
Kulturschock, sage ich. Der ganze Osten ist so. Da dürfe sie sich nichts bei denken. Das seien alles ganz nette Leute, sie verhalten sich nur anders als wir. Und dass es hier so dunkel sei, daran werden wir uns schnell gewöhnen. Sie schüttelt den Kopf und zieht die Zimmertür hinter sich zu.
Mein Zimmer ist ein ganz normales Hotelzimmer mit Internet und Fernseher. Beim Blick aus dem Fenster etwas Stadt und eine weite schwarze Fläche. In der Ferne die Lichter der neuen Brücke. Ab und zu die Scheinwerfer von Autos, die über die Wolga fahren.

Plötzlich ist es hell und wird ganz langsam immer heller. Aber es ist noch früh. Sehr früh. Ich kann nicht mehr schlafen und stehe auf. Bin ich am Meer? Mitten in Russland? Eine unendliche Wasserfläche. Die Wolga ist hier aufgestaut und hat kilometerlang die Breite eines

Sees. Am Vormittag steht ein Workshop mit jungen Autorinnen und Poeten auf dem Programm. Als Thema hatten wir »Schreiben über die Stadt« vereinbart. Ich mache mir einen Plan. Und für mich selbst, denke ich, wäre es schön, die Geräusche der Stadt zu notieren. Zuerst ist da der Wind. Vierzehnter Stock, die große Wasserfläche, die Sonne. Die Türen bewegen sich manchmal von selbst. Durch irgendeinen Spalt heult der Wind. Ich stelle mir vor, wie das im Winter ist. Und dann ist da ein mysteriöses Geräusch. Ein kleines Tier? Nein, zu gleichmäßig. Ein Kratzen hinter der Wand.

Ich fahre ins Erdgeschoss, Fahrstuhlmusik und dann ein vornehmes Pling. Vier Minuten vor sieben. An der Absperrung zum Frühstücksbüfett steht ein kräftiger Mann in einem weißen Hemd und deutet, als ich an ihm vorbei gehen will, wortlos auf die Uhr. Na gut, Ordnung muss sein. Ich gehe vor die Tür. Es ist so kalt, wie der Tag klar und hell ist. Vor mir eine breite Straße und dahinter ein riesiger Platz, der irgendwo über der Wolga im blauen Himmel zu enden scheint.

Dann ist es sieben Uhr. Der Mann lässt mich passieren. Im Frühstücksraum mache ich einen Fehler und setze mich in den Herrschaftsbereich eines Monitors, aus dem ein buntes Musik- und Nachrichtenangebot quillt. Das Frühstück ist ein bisschen wie die Musik und die Videos. Kaum etwas, das mein Magen um diese Zeit verträgt.

Stadtrundgang. Auch in der Altstadt stoßen die Gegensätze schön aufeinander. Ein Luxushotel Marke Hilton und zwei Straßen weiter eine Brache. Man muss etwas aufpassen. Manchmal ist mitten im Gehweg ein Loch. In einer Nebenstraße zwei große frei herumlaufende Hunde. Kein Mensch zu sehen. Ich sage mir, dass die Hunde, wären sie tatsächlich gefährlich, hier bestimmt nicht lange rumstreunen würden. Ich begegne ihrer demonstrativen Gleichgültigkeit mit einer Mischung aus Respekt und Interesselosigkeit. Es ist, als würden wir uns gegenseitig gar nicht bemerken. Ob Hunde die Verhaltensweisen von Menschen übernehmen und damit kulturell unterschiedlich geprägt sind?

Um zehn vor zwölf holt uns ein Freund des Veranstalters ab. Englisch, sagt er, sei nicht sein Ding. Wenn er nervös ist, beginnt er leicht und sympathisch zu stottern. Wir unterhalten uns über Literatur und gehen zum Essen in die Kantine des Theaters. Nachkriegseleganz, Parkett, hohe Räume und an den Wänden fast lebensgroße Gemälde der Honoratioren.

Gogol, sagt er, habe 1842 mit »Die toten Seelen« den ersten russischen Roman veröffentlicht, eine Satire über Korruption und, heute würde man wohl sagen, Investmentbetrug. Danach haben Gontscharow und Turgenjev die Veränderungen vom feudalistischen zum frühkapitalistischen Russland dargestellt. Gontscharows Oblomov ist ein Adeliger, der zwar hohe Ideale und Ideen hat, durch seine Erziehung aber immer wieder ins Nichtstun verfällt, während sich um ihn herum der Kapitalismus als neue treibende Kraft durchsetzt.

Ich nicke. Die Tradition des überflüssigen Menschen.

Nicht ganz, das sei etwas anderes, das sei von Lermontov. Moment, das ist etwas, was mich gerade sehr inte-

ressiert, hake ich nach. Der überflüssige Mensch damals, der Arbeitslose heute. Väter und Söhne, frage ich. Er schüttelt den Kopf. Naja, vielleicht, als Nebenfigur, der Onkel. Nichtstun war immer ein Privileg.
Im Theater läuft »Der Revisor« von Gogol. Auch eine Korruptionsgeschichte. In einer modernen Inszenierung.

Das Thema lautet Literatur

Literatur entwirft Fiktionen, die sich mit den Fiktionen beschäftigen, aus denen wir unsere Gesellschaften konstruieren. Hat Platon also doch Recht? Ist Literatur nur ein doppeltes Trugbild, das Abbild vom Abbild? Die permanente Wiederholung dieser Erzählung als Mythos oder als Klassiker würde dann diese Trugbilder auch noch zu Vorbildern machen.
Religionen zeigen, wie Wiederholungen funktionieren. Aber auch das Theater mit seinen Aktualisierungen von Stücken, Figuren und Strukturen. Vom Fernsehen ganz zu schweigen. Unser Bewusstsein bedarf eines regelmäßigen Trainings. Aber wer schreibt die Übungen für dieses Training vor? Die Autorinnen und Autoren? Die Leserinnen und Leser? Die Verlage, der Buchhandel? Wie kommen die Inhalte und Themen in diesen Zirkel hinein?
Oder ist Literatur tatsächlich nur ein Unterhaltungsmedium mit einem Nebennutzen, zum Beispiel dem der Selbstvergewisserung, der Emanzipation, der Legitimierung des eigenen Aufstiegs und der eigenen Identität? Sollte man jetzt nicht ein Buch wie das von Didier Eribon schreiben, »Die Rückkehr nach Reims«? Ein

Buch, das eine Bildungsgeschichte rückwärts verfolgt, den eigenen Aufstieg und den Abstieg der Anderen? Dient nicht auch eine Literatur, die sich kritisch mit der Funktion von Bildung beschäftigt, dem Selbstbewusstsein der Autorin oder des Autors? Wer liest solche Geschichten? Die, die darin als Absteiger dargestellt werden? Oder die, die es geschafft haben, sich in die große Fiktion zu integrieren? Ist so eine Geschichte nicht auch eine Bestätigung für die eigene Anpassung? Und welche Rolle spiele ich in diesem Spiel?

Im Haus der Kultur, auf den Terrassen

Der Workshop im Haus der Kultur auf der anderen Seite der Stadt. Wir sitzen in einem Raum ohne Fenster. Sprechen Russisch, Englisch und Deutsch. Mein Plan hat wenig mit dem Plan meiner Kollegin zu tun. Aber gut, denke ich, ich ziehe das jetzt mal eine Stunde lang durch, Kreativitätstechniken zum Thema Stadt. Die Dolmetscherin verzweifelt an mir, weil ich immer wieder ins Englische verfalle. Englisch könne sie nicht. Ich präsentiere, was ich vorbereitet habe: describing the city, Makro und Mikro, Montage und Moderne. Express text writing, prozess- und produktorientiert. Dann übernimmt meine Kollegin und wir machen einen fast dreistündigen Spaziergang durch die Unterstadt, die sie »die Terrassen« nennen. Wir schlendern an den ganz alten Häusern vorbei, die umgeben sind von den hohen Wohnblöcken aus der Nachkriegszeit. Bei den deutschen Häusern machen wir Pause. Die seien von Kriegsgefangenen gebaut worden. Ob mich das an etwas erinnert? Ob ich das Deutsche in den Häusern spüre?

Langsam wird mir klar, um was es geht. Die Poetinnen und Autoren sind aus der Oberstadt. Sie waren lange nicht hier, teilweise noch nie. Und sie wundern sich darüber, dass sie jetzt an diesem fremden Ort sind, in ihrer eigenen Stadt. Aber was soll man hier machen? Das ist ein Dorf für Arbeiter außerhalb der Stadt. Ein Dorf aus Wohnblöcken, die wie die Ringe eines Baums im Lauf der Zeit von innen nach außen gewachsen sind. Keiner weiß etwas vom anderen. Er würde hier wohnen, sagt einer der studentischen Helfer. In einem von den Plattenbauten da hinten. Fünfzig Quadratmeter. Das ist ja ganz gut, antworte ich. Naja, gibt er lächelnd zurück, mit den Eltern, einer Oma und einem Bruder. Im Sommer ist das ok.

Da sind ein paar verblasste Erinnerungen an Freunde aus der Kindheit, aus dem Studium, sagt einer der Autoren. Es ist zum Heulen. Warum geht man über zehn Jahre nicht hierher? Vielleicht, weil es nicht so einfach ist? In Russland fährt man eher selten Fahrrad. Die Wolga ist eine Grenze und es führt nur die alte Brücke hier her. Nachts, heißt es, sei die Gegend gefährlich. Aber jetzt, das sei ja erstaunlich, ist alles normal. Man wohnt, es gibt ein paar Geschäfte, viele Gärten, alles sehr grün, ein Mann bastelt an einem Boot, ein paar Hühner. Und dann der gewaltige Fluss. Es gibt in Heidelberg auch Stadtteile, in denen ich seit Jahren nicht war. Wir stehen am Ufer und schauen übers Wasser zur Altstadt hinauf. Für den Fluss scheint sich außer uns und zwei Anglern niemand zu interessieren.

Sich für etwas interessieren. Das könnte es sein.
Im Haus der Kultur schreiben wir unsere Eindrücke auf und lesen sie vor.
Meine Dolmetscherin meint, das war selbst für russische Verhältnisse eine chaotische Veranstaltung. Den Eindruck hatte ich auch. Aber je länger ich darüber nachdenke, um so besser gefällt es mir in den Randgebieten der Stadt und an diesem Schnittpunkt zweier Sichtweisen.

In der Stadt führt mich mein Begleiter zu den Denkmälern für die vergangenen Kriege. Hoch über dem Fluss und entsprechend der Weite des Flusses das Monument zum Großen Vaterländischen Krieg, daneben etwas kleiner die für den Tschetschenien- und den Afghanistankrieg. Ich frage ihn, wie es denn zur Zeit in Russland so sei. Nun, antwortet er vorsichtig, es ist nicht so einfach. Man weiß nicht, was erlaubt ist. Etwas, das du heute sagen darfst, kann morgen ein echtes Problem sein.

Am Abend gehen wir in eine Kneipe, an der ich schon morgens bei meinem Spaziergang vorbeikam und die mir etwas sehr finster erschien. Aber im Dunkel wird so eine Finsternis schnell ganz gemütlich.

Zum Abschluss des Tages fahren wir im Hotel mit dem Lift bis nach oben. Es gibt dort eine Bar. Wir müssen durch einen Flur, der wie ein vernachlässigter Hintereingang aussieht und stehen plötzlich an der Theke. Die Bedienung schüttelt den Kopf. Wir sind zu spät, Feierabend. Wir gehen auf die Dachterrasse, um zu rauchen.

Der Wind ist kalt. Unter uns die Stadt und die große schwarze Fläche der Wolga. Auf der anderen Seite, einen Kilometer entfernt, im Halbdunkel, der untere Stadtteil, die Terrassen.

Während ich das im August des folgenden Jahres schreibe, sind die Zeitungen voll von Berichten über Demonstrationen. In Moskau stehen die Kommunalwahlen vor der Tür. Die Proteste richten sich gegen den Ausschluss von Oppositionspolitikern. Demonstrationen werden erst genehmigt, dann verboten. Im Gorki Park gibt es Gratiskonzerte, um die Leute vom Protestieren abzuhalten. Seit fünf Wochen jeden Samstag eine Demonstration von zigtausend Menschen. Wer auf die Straße geht, riskiert Verhaftung, Verlust des Studienplatzes oder eine Einberufung zur Armee. Die Proteste springen trotzdem auf andere Städte über. Die Regierung und der Präsident reagieren mit nationalistischer Propaganda im staatlichen Fernsehen: die harte Hand des weisen Anführers gegen die vom Ausland gesteuerten Provokateure. Es geht das Gerücht, dass die Hälfte der Achtzehn- bis Fünfundzwanzigjährigen gern auswandern würden. Aus einem Land, das aufgrund seiner Bodenschätze reich ist, und in dem es den Bürgern so gut gehen könnte wie in Norwegen.

In der Nacht höre ich von irgendwo her Techno. Es dämmert. Die Musik wird chillig. Das Geräusch der vorbeifahrenden Straßenbahn mischt sich immer öfter ein: In meinem Traum wurden die Tram und die Musik eins. Ein Lied aus dem Dadam der Tram.

Die Stadt und die Literatur

Auf dem Programm steht eine Stadtführung, die ich mit Informationen über Heidelberg anreichern soll. Codex Manesse, Romantik und Russen in Heidelberg. Heute holt mich eine Studentin ab, die auch meine Übersetzerin ist. Sie wird mich von nun an im Hotel abholen und wieder dort abliefern. Sie habe noch nie live gedolmetscht. Sie sei ein bisschen nervös. Sie habe alles, was wir uns anschauen, aufgeschrieben, so dass ich es nachlesen könne.

Kaum sind wir dort, wo der Rundgang beginnen soll, kommt eine Frau mit straffem Schritt auf mich zu, streckt mir ihre Hand entgegen, nennt ihren Namen und erklärt in fehlerfreiem Deutsch, dass sie Übersetzerin sei und sich freue, mich zu treffen, und es begrüße, die deutsche Sprache zu hören. Ein jüngerer Mann gesellt sich dazu, reicht mir ebenfalls die Hand und erklärt, er habe Deutsch studiert, mache nun aber etwas anderes und er freue sich, mich kennen zu lernen. Dieses Interesse und diese Höflichkeit hat etwas Umwerfendes, etwas Anrührendes. Jetzt habe ich zwei Dolmetscherinnen und einen Dolmetscher, die von rechts und links, mal zusammen, dann wieder einzeln erklären, worum es geht.

Uljanowsk, bis 1924 Simbirsk, 1648 als eine Festung am Rande des russischen Reichs gegründet, mit einem Hafen am Kujbyschewer Wolgastau, dem größten Stausee Europas und dem drittgrößten der Erde. 1864 brannte das hölzerne Simbirsk fast vollständig ab. Das Zentrum wurde mit öffentlichen und repräsentativen bürgerlichen Steinbauten neu errichtet. 1912, zum hundertsten

Geburtstag des Schriftstellers, wurde die Saratowstraße in Gontscharowstraße umbenannt. Ab 1918 hieß sie Karl-Marx-Straße, wurde 1921 asphaltiert und blieb bis Anfang der 50er Jahre die einzige asphaltierte Straße der Stadt. Seit 1941, dem fünfzigsten Todestag des Schriftstellers, ist sie wieder die Gontscharowstraße. Das dreistöckige Gontscharowhaus hat eine beeindruckende tiefrote Fassade mit weißer Gliederung. Um die Ecke ein Denkmal für den Autor und seinen berühmten Helden Oblomov: ein Sofa mit einer Inschrift: »Hier habe ich die Poesie der Faulheit verstanden und werde ihr bis zum Sarg treu sein.«
Dort das Karamsin-Denkmal, hier die Pädagogische Hochschule, das Leninmemorial scheint über dem großen Platz zu schweben. Eine märchenhaft schöne weiße Kutsche, gezogen von einem schneeweißen Pferd, rollt vorbei. Vielleicht eine Hochzeit. Dort das klassische Männergymnasium. Perfekt restaurierte Fassaden glänzen im nördlichen Licht. Der andere große Sohn der Stadt ist Wladimir Iljitsch Uljanow, genannt Lenin. Und es gibt noch etwas ganz besonders Interessantes, ein Denkmal für einen Buchstaben. Hier wurde dem kyrillischen Alphabet das ё hinzugefügt.
Jetzt ist es Zeit für ein paar Selfies. Die Freunde der deutschen Sprache verabschieden sich. Der kalte Morgen hat sich in einen strahlend blauen Sommertag verwandelt. Und auf den Fotos, die mir eine der Teilnehmerinnen am nächsten Tag zusteckt, sehe ich mich als fröhlichen Menschen.

Ein kurzes Mittagessen in der Kantine des Theaters. Bedient werden wir von einer Köchin. Beim Hinausgehen gelingt mir ein Blick in die Küche. Hinter den Kulissen hat sich in den letzten Jahren anscheinend nicht viel verändert. Dann geht es mit dem Taxi auf die andere Seite. Die Frontscheibe des Wagens hat einen Sprung und in Rechtskurven quietschen die Reifen. Wenn er geradeaus fahren will, muss unser Chauffeur kräftig gegenlenken. Ließe er das Lenkrad los, würden wir im Kreis fahren.

Der Journalist, der mit mir auftreten soll, ist ein Profi. Wir wärmen uns eine gute Stunde auf, reden auf Englisch über mein Thema, gehen dann in die Aula des Kulturhauses und setzen uns mit der Dolmetscherin vor das Publikum. Ein weiter und hoher, vornehmer und moderner Raum, dessen Decke zu schweben scheint. Wir sprechen Englisch und die Dolmetscherin übersetzt ins Russische. Die Vorteile des Dolmetschens werden oft ignoriert. Jeder Gesprächspartner hat während der Übersetzung Zeit zum Nachdenken. Mein Partner überrascht mich mit einer witzigen Frage zum Thema Literatur und Markt: Frank, stell dir vor, du wärest ganz allein auf einer Insel. Würdest du schreiben?

Ich weiß nicht genau, was ich geantwortet habe, aber schon kurz nach dem Gespräch fiel mir eine gute Antwort ein. Auch wenn ich dort allein bin, gibt es trotzdem immer noch einen Autor und einen Leser. Das würde schon reichen. Eine Flaschenpost zu schreiben, wäre eine andere Möglichkeit. Aber das mit dem Leserbezug und der Zielgruppe ist dann wesentlich komplizierter. Wem will man welche Botschaft schicken? Wer und vor allen Dingen wann wird sie jemand lesen? Vielleicht ist

auch das hier eine Flaschenpost, ohne dass ich mir dessen bewusst bin.
Nachdem wir eine Weile diskutiert haben, beziehen wir das Publikum ein. Jetzt prasseln Fragen und Geschichten über das Lesen und Schreiben auf die Dolmetscherin ein. Sie ist diejenige von uns Dreien, die am meisten arbeitet. Irgendwann rufen wir die letzte Frage aus. Wir sind zufrieden. Es wird Abend und wir können feiern.

Ist der Krimi, geht es mir durch den Kopf, nicht reiner Ausdruck der Fiktion, auf der eine Gesellschaft beruht? Das Verbrechen dient als Kontrast, da es außerhalb dieses Entwurfs liegt. Zum Beispiel in Bezug darauf, wie Eigentum definiert wird. Ist das Verbrechen nicht auch die Reinform einer anderen Fiktion, die vom Recht des Stärkeren? Aber wer ist der Stärkere? Der Verbrecher oder der Staat? Und was ist ein Verbrecher in einem verbrecherischen Staat? Wie dem auch sei. Die meisten Krimis sind Schulderzählungen, Geschichten, die ausmalen, was passiert, wenn man sich außerhalb der vorgegebenen Fiktion bewegt, eine Predigt oder ein Gleichnis. Und die, die sie schreiben, können auf den Gedanken kommen, sich als Erzieher des Volkes zu fühlen.

Die Treppen vor dem Haus der Kultur werden zur Bühne. Die Bewohner des Stadtteils kommen vorsichtig näher. Eine Künstlerin aus Berlin präsentiert Fotografien und die Ergebnisse eines Workshops. Unser Organisator sagt, wie sehr er sich freut, uns alle hier zu haben. Der Bürgermeister hält eine kurze Rede, der Hauptsponsor sagt ein paar Worte und die Kulturdezer-

nentin bringt ihren Stolz über die gelungene Veranstaltung zum Ausdruck.
Man sieht der Sängerin an, dass sie sich in Russland mittlerweile wohl fühlt. Sie spielt eine halbakustische Gitarre. Ihre Art zu singen erinnert mich an Joni Mitchell. Das öffnet eine Tür zu Erinnerungen, die weit, sehr weit zurückliegen und tief in mir etwas auslösen, das mit Liebe und Freiheit zu tun hat und mit Melancholie. Oder ist es schon Sentimentalität? Es wird dunkel. Und das Duo danach macht eine Art Liedermacherpunk.

Bei der Pizza danach klärt sich noch ein Missverständnis auf. Ich dachte, am nächsten Tag würde ich am Leningymnasium mit einer Schulklasse Unterricht machen. Aber nein, sagen meine erste und meine zweite Dolmetscherin. Das wäre eine Masterclass, die Deutschlehrerinnen der Stadt würden kommen, um neue Methoden kennenzulernen. Und sie auch, sagen sie grinsend. Das würden sie sich nicht entgehen lassen.

Die Lehrerinnen der Stadt

Während ich über meine Reise schreibe, kommt es mir vor, als könne ich das, was geschehen ist, noch einmal erleben. Oder konstruiert man beim Schreiben die Ereignisse neu? Und zwar so, dass sie einen Sinn ergeben. Ergibt sich Sinn immer erst nach dem Ereignis?

Am Morgen der Wind. Und ein Meer mitten im Land. Ein Landmeer.

Ganz in der Nähe bedient jemand einen Elektrohammer. Taktaktaktak. Pause. Taktaktaktak. Pause. Taktaktaktak. Im Nachbarzimmer die Spülung. Das Geräusch eines Smartphones. Ein Staubsauger auf dem Flur. Weit unten meldet sich ein Auto: pippip. Im Hintergrund das endlose Taktaktak und das Säuseln des Winds. Was mache ich mit den Lehrerinnen? Es ist nicht mehr viel Zeit. Vielleicht einfach das, was ich sowieso machen wollte.

Ich schaue aus dem Fenster. Der Platz zwischen dem Leninmemorial und der Pädagogischen Hochschule hat es mir angetan. Ich fahre nach unten. Am Morgen ist es im Schatten des Hotels noch kalt. Der Himmel ist blau, ein paar Wolken ziehen vorüber. Ich überquere die Straße und setze mich auf eine Bank mitten auf dem Platz. Auch hier, so weit östlich und nördlich hat der August etwas Steigendes und Fallendes zugleich, etwas Hohes und etwas Spätes und ist trotz Sonnenschein mit einer Kälte unterlegt, die erst am Nachmittag weicht.
Warum ich schreibe? Vielleicht, weil ich dadurch so einen Platz verstehen kann. Zuerst ist diese Weite des Platzes unter diesem endlosen Himmel eine Irritation. Nicht das, was wir vielleicht aus unseren Vorstellungen von Privatheit und Öffentlichkeit gemütlich oder heimelig nennen würden. Solche Plätze kennen wir in Westdeutschland nicht. Ich fühle mich ein bisschen wie hingeworfen und allein gelassen. Auch die anderen Menschen wirken auf mich klein. Will diese Architektur, dass sich der Einzelne klein fühlt? Oder ist das ein Missverständnis? Verstehen heißt, den Kontext mit einzubeziehen. Dadurch ergibt sich ein Verhältnis aus dem, was ich wahrnehme und dem, was ich weiß.

Also, ist das hier wirklich der Fall? Ist dieses erste Gefühl ein Gefühl, dass mehr mit mir als mit dem Platz zu tun hat? Die Menschen, die den Platz überqueren, die hier spazieren gehen, mit ihren Kindern spielen, scheinen die Weite zu genießen. Ist da nicht ein Stolz zu erkennen, der mit der Weite korrespondiert?
Je länger ich bleibe, desto näher komme ich dem Platz. Oder kommt er mir näher? Diese Weite ist ein Angebot. Atme ich nicht schon viel freier? Ich glaube, auch noch eine andere Dimension zu verstehen: diese Weite zwischen Leninmemorial und Pädagogischer Hochschule verkörpert die Größe einer Idee. Einer Idee, die auf ganz Europa Auswirkungen hatte, die den Sozialstaat erst möglich macht. Ohne diese Idee keine Verringerung der Ungleichheit durch ein neues Steuersystem. Ohne die Steuern keine Bildungsreform in den siebziger Jahren. Ohne Bildungsreform hätte ich kein Abitur machen können. Ohne Abitur hätte ich nicht studiert. Wahrscheinlich würde ich nicht schreiben. Ich wäre nicht hier. Bin ich, ob ich will oder nicht, ein Teil dieser Idee? Also gut, die Fassaden der Ideologie und die scheinbare Leere davor ergeben zusammen das Gefühl von etwas Utopischem. In einer Zeit, in der die Utopien in die Vergangenheit projiziert werden. Am Hotel hängen Fahnen: weiß, blau und rot. Vielleicht, weil die Zukunft ideell leer ist, die pure Ausweitung der Konkurrenz und der technischen Möglichkeiten ohne jede konstruktive Vorstellung.
Ich bin jetzt hier und lasse den Platz noch eine Weile wirken. Die Luft ist kühl, die Sonne wärmt meinen Körper. Spüre ich in dieser Weite meine Einmaligkeit? Einatmen, ausatmen. Das Leben ein kurzer Moment.

Und schon denke ich wieder: Die Wohnungen in Russland sind eher klein. Hier dagegen ein Platz so groß wie das Land. Und dieser Platz gehört allen. Wie geschaffen für eine Demonstration.

Meine Dolmetscherin holt mich ab. Es ist nicht weit bis zum Gymnasium. Ein modernes Gebäude, dessen Robustheit aus einer optimistischen Zeit stammt und schon etwas Historisches hat. Das lackierte Parkett reflektiert das einfallende Licht. Lange Flure. Der Raum füllt sich mit Frauen.

Die Leiterin der Deutschen Abteilung begrüßt uns. Sie ist blond, trägt ein enges, mohnrotes Kleid und hochhackige Schuhe. Sie führt uns ins Rektorat. Die Hierarchie wird gewahrt. Oder die Höflichkeit gegenüber dem Gast. Danach geht es ins Schulmuseum. Eine ehemalige Schülerin, die die Deutscholympiade gewonnen hat und nun in Moskau studiert, referiert die Geschichte der Schule, in der einen Hand ein I-Pad, in der anderen einen Zeigestock.
Im Klassenraum bekomme ich noch einen Überblick über die außerschulischen Aktivitäten. Zwei Schülerinnen präsentieren Berichte von Landschulheimen mit Schwerpunkt Deutsch. Ich zähle nach. Dreißig Lehrerinnen. Kein Problem mit der genderkorrekten Endung. Dann bin ich dran mit meinem Vortrag über die neuesten Tendenzen der Didaktik in unserem Fachbereich. Als ob es da etwas Neues gäbe. Aber gut. Wir beschäftigen uns mit einem Gedicht und am Ende schreiben sie selbst eins. Auf Deutsch. Aber zuerst sammeln wir Werbesprüche. Das ist meistens ganz witzig. Dann die-

ses Gedicht mit dem Titel »Reklame«. Das ist zwar schon über sechzig Jahre alt, aber … wir werden sehen. Bitte lesen Sie mal, die Fragen und die Antworten, mal fröhlich, mal ernst, mal im Chor und mal gleichzeitig. Doch, das macht Spaß.
Vor mir drei Lehrerinnengenerationen. Die älteren in kleingeblümten Kleidern. Die Damen haben die Tendenz zu einer strengen Kompaktheit, umgeben von einer Autorität, die ich als sowjetisch oder osteuropäisch bezeichnen würde. Die mittleren Frauen sind zwischen dreißig und vierzig, stammen also eher aus der postsozialistischen Zeit und könnten das, was ich mache, schon kennen. Und die Studentinnen und Schülerinnen sowieso.
Vielleicht ist es möglich, das Gedicht noch anders zu lesen. Ich bräuchte mal eine starke, unsichere Frau. Fragende Gesichter und irritiertes Lachen. Eine der Älteren hebt die Hand und schaut mich mit der Autorität ihrer dreißigjährigen Lehrerinnengeschichte entwaffnend unsicher an. Und sie liest: Wohin aber gehen wir / wenn es dunkel und wenn es kalt wird / aber / was sollen wir tun / und denken ... und wohin tragen wir / unsere Fragen und den Schauer aller Jahre ...
Vielleicht haben wir gerade das Lernziel erreicht: Uns gegenseitig nichts vormachen. Lehrer und Lehrerinnen meinen ja oft, sie müssten alles wissen und jede Frage mit einer Antwort parieren. Aber das Gedicht gibt keine Antwort. Ausgerechnet jetzt geht die Tür auf und eine Frau steckt den Kopf herein und sagt etwas auf Russisch. Meine dreißig Übersetzerinnen klären mich auf. Das ist das Fernsehen, die wollen ein Interview mit dir machen. Ja, jetzt sofort. Tut mir leid, wir sind noch

nicht fertig. Es fehlt noch der Schlussstein. Das Schreiben eines Gedichts. Die Frau vom Fernsehen macht ein genervtes Gesicht. Also, wir schreiben jetzt mal. Die eine Seite schreibt 11 Fragen, die andere 9 Antworten. Was für Fragen? Das ist völlig egal. Hauptsache Fragen. Man könnte als Antworten die Werbesprüche an der Tafel benutzen.

Es sieht so aus, als habe ich den Bogen überspannt. Was soll das bringen? Wie soll das funktionieren? Kein Thema, kein richtiger Plan, nur die Grammatik von Frage und Antwort. Es dauert eine Weile, bis die Sache in Gang kommt. Als sich die Köpfe von den Blättern heben, bitte ich um zwei Freiwillige. Die eine liest ihre Fragen, die andere ihre Antworten, abwechselnd. Das klappt manchmal sehr gut, manchmal aber auch überhaupt nicht. Aber so gut wie heute, das ist mein Gefühl, hat es noch nie funktioniert. Es ist alles dabei, von komisch bis tragisch, von absurd bis geistreich. Wir lachen, wir freuen uns. Sind wir nicht alle glückliche Schüler?

Ich absolviere schnell mein erstes Fernsehinterview und kehre in die Klasse zurück. Die obligatorischen Fotos. Dreißig Frauen und ich.

Den Rest des Tages habe ich frei. Mittagessen im Theater. Meine Dolmetscherin will mir die Stadt zeigen. Ich könne mich auch selbst beschäftigen, sage ich. Nein, sie wird mich begleiten. Sie wird mir die Holzhäuser zeigen und die orthodoxe Kirche. Danach treffen wir uns mit der Sängerin in einem Café.

Wir schlendern zum Sofa Oblomows und setzten uns in dem kleinen Park auf eine Bank, reden über Literatur, klären ein paar grammatische Fragen und beobachten den Verkehr auf der Hauptstraße. Die Autos müssen, wenn sie die Straßenbahnlinie überqueren wollen, auf Schritttempo abbremsen und sich langsam vorwärts tasten, so tief sind die Schienen in den Asphalt eingesunken.

Oblomow wird sicher zu Recht als Kritik an der Feudalherrschaft interpretiert. Seine Geliebte Olga gilt als die fortschrittliche und tatkräftige Jugend Russlands. Und Stolz, der deutsch-russische Freund Oblomows, verkörpert den Widerspruch von Ideal und Realität im frühen Kapitalismus. Anders als Puschkins Onegin und Lermontows Pecorin gibt Oblomow seine philanthropischen Ideale aber nicht auf. Er ist nur nicht in der Lage, sie umzusetzen. Doch dieses Sofa und diese Pantoffeln sind kein Denkmal für einen Gescheiterten, sondern eins für das Nichtstun. Oblomov hat eine Berühmtheit erlangt, von der Melvilles Bartleby und Kafkas Gregor Samsa nur träumen können. Das Nichtstun als Option.

Wie es denn in Russland gegenwärtig so sei, frage ich sie.

Nun ja. Es war schwer nach dem Zusammenbruch der Sowjetunion. Wenn ihre Eltern damals nicht den eigenen Garten gehabt hätten, wäre es ganz schlimm gewesen. Mittlerweile gebe es alles. Aber ganz so einfach ist es hier nicht.

Was würde Gontscharow seinen Helden sagen lassen, wenn der nach dem Sozialismus im russischen Kapitalismus aufgewacht wäre?

Nach dem Kaffeetrinken muss die Sängerin zum Soundcheck. Die Bar, in der sie auftritt, ist nur hundert

Meter vom Hotel entfernt. Ich würde dann mal gehen, sage ich und später wiederkommen. Sie werde mich bringen, sagt meine Dolmetscherin. Das sei nicht nötig, antworte ich. Doch, sei es, sagt sie. Und sie hole mich nachher auch wieder ab. Ich würde mich schon zurechtfinden, antworte ich. Nein, sie hole mich ab. Auf dem Weg zum Hotel frage ich mich, ob sie aufpasst, dass mir nichts zustößt oder dass ich nicht vom Weg abweiche. Ich kann mir vorstellen, was für einen Ärger es gibt, wenn das eine oder das andere passiert.

Ich packe meine Sachen. Die Zeit ist fast um. Das Konzert geht schief, weil der Mann am Mischpult andere Vorstellungen von den Einstellungen hat als die Sängerin. Sie kocht vor Wut. Für sie hätte es sich angehört, als ob jemand anders singt. Dann gibt es noch ein Problem mit dem Honorar. Wegen der Sanktionen sei der Rubel gerade stark gefallen. Das wirke sich leider aus. Wir gehen vor die Tür. Der Mann der Dolmetscherin vom Podiumsgespräch hat vor kurzem begonnen, Bier zu brauen. Vorsicht beim Öffnen der Flasche. Der Kronkorken fliegt ab, wie bei Champagner, und ein Drittel des Bieres spritzt aus der Flasche. Ja, daran arbeite er noch. Probier mal. Doch, es schmeckt gut. Es ist dunkel. Ein lauer Abend auf der Hauptstraße von Uljanowsk. Alle, die in den letzten Tagen etwas gemacht haben, sind zusammen gekommen.

Wie, frage ich mich, muss man sich aufstellen, um mit Literatur von außen auf die große Fiktion schauen zu können?

Es ist spät. Unserer Freunde bringen uns zum Hotel. Morgen um sieben! Alles klar. Umarmungen, Abschied in der kühlen Weite der Lobby.

Ein Land, so groß

Die Nacht war kurz. Um Punkt sieben fährt ein Wagen des Bürgermeisters auf den Parkplatz. Es geht zum Flughafen nach Samara. Der Fahrer spricht kein Englisch, oder er hat keine Lust darauf. Und mein Russisch reicht nicht mal für Smalltalk. Also schweigen wir.
Zweihundert Kilometer, das ist überschaubar. Ich stelle mir eine Autobahn vor oder eine gut ausgebaute Landstraße. Aber schon kurz hinter der Stadt schrumpft die Straße zusammen und die Schlaglöcher werden größer. Ab und zu fahren wir siebzig, die Geschwindigkeit ist aus guten Gründen begrenzt. Und sie wird kontrolliert. Also vier Stunden, schätze ich. Könnte knapp werden.
Nach einer Stunde lasse ich mich voll und ganz in das Schwiegen fallen, schaue aus dem Fenster auf die endlosen Felder, die dunkle Erde und träume. Ist das die Weite, ja fast eine Unendlichkeit, die man selbst in der Stadt, die sich ganz auf sich selbst zu konzentrieren scheint, spürt? Wird dieses unendliche Nichts, das unmittelbar an den Rändern der Stadt beginnt, von denen, die am Rand der Stadt und am Rand des Nichts wohnen, in die Stadt hineingetragen? Und: Haben wir als Intellektuelle und Künstler in den letzten Tagen etwas bewirkt?
Kurz vor Samara biegen wir auf eine neue Autobahn ein. Auch der Flughafen ist niegelnagelneu. Die Fuß-

ballweltmeisterschaft lässt grüßen. Angeblich wurde nur dafür die eine Autobahn von hier in die Stadt gebaut. In Moskau Regen. Wir sitzen im Terminal und warten, und beim Warten schauen wir zu, wie ein Flugzeug nach dem andern über die nasse Startbahn rast, einen Regenschweif hinter sich herzieht und plötzlich in den dunkelgrauen Wolken verschwindet.

The drone of flying engines
Is a song so wild and blue
It scrambles time and seasons if it gets thru to you
Then your life becomes a travelogue
Of picture post card charms

Im Flugzeug sitzt eine Schwäbin neben mir. Sie hat eine Flusskreuzfahrt von Sankt Petersburg nach Moskau gemacht. Unter uns die Wolken, ab und zu der Turm eines Gewitters. In Frankfurt ist immer noch Sommer. Die Straße, die zu meiner Wohnung führt, ist neu asphaltiert und gepflastert.

Morgen werde ich wieder arbeitslos sein.

Sommer, Bilder, Lieder

Ein paar Tage später schauen wir uns »Leto« im Kino an. Einen Film von Kirill Serebrennikov, der in Russland gerade unter Hausarrest steht. Der Film spielt in Sankt Petersburg und handelt von Musikern in der Zeit von Glasnost und Perestroika. Eine melancholische, energiegeladene Geschichte über russischen Punk, den

Beginn einer neuen Zeit, Schallplatten, das Heraushören und Aufschreiben von Texten, die dann in Notizbüchern herumgereicht werden. Eine Geschichte über Liebe und Freundschaft.

Beim Versuch, die Vergangenheit zu verstehen, ist zu bedenken, dass unser gegenwärtiger Horizont ein Ergebnis dieser Vergangenheit ist. Ein paar Wochen später bekomme ich hunderte von Fotos aus Uljanowsk. Es sieht so aus, als haben wir etwas Sinnvolles gemacht.

An die Freunde

Der Strand von den Bildern

Abwärts am Rhein

Unser Urlaub beginnt mit einem Regentag. Die Bahnstrecke über Mainz nach Düsseldorf ist trotzdem eine Reise wert. So ursprünglich, immer am Fluss entlang. Schade nur, dass wir rückwärts fahren.

Es wäre interessant, denke ich, wenn ich etwas schreiben würde, was nur ich schreiben kann. Aber ist das überhaupt möglich?

Der Rhein, der Wein, die Burgen. Aus dem fahrenden Zug betrachtet, sehen die Orte etwas abgenutzt aus, so eingeklemmt zwischen Fluss, Straße und Bahnlinie. Vielleicht hat das aber auch mit der Vorliebe für Schiefer zu tun und diesen nachdunkelnden Steinen. Oder dem Wetter.

Auf dem Rhein immer wieder Schiffe mit niederländischen Namen. Rotterdam lässt grüßen. Nach der großen Trockenheit zeigt der Fluss seine Strände und Riffe. Ich weiß nicht, was soll es bedeuten ... Koblenz ist eine Verschlingung von Straßen und Brücken. Im Großraumwagen sind nur Alleinreisende, in gleichmäßigem Abstand auf die Sitze verteilt. Bad Godesberg ist so, wie man sich Bad Godesberg vorstellt. Villen fliegen vorbei.

Bonn, sagte neulich eine Kapitänin, die im Mittelmeer Flüchtlinge gerettet hat, und nun dafür von der italienischen Justiz mit fünfzehn Jahren Haft bedroht wird, Bonn, sagte sie, sei die langweiligste Stadt der Welt.

In Düsseldorf bleibt diesmal das Umsteigedrama aus. Plötzlich sind wir im Ausland, in einer anderen Kulisse. Roermond, Regengrau, die Stimmung hängt schief. Oder haben wir zu wenig Zucker im Blut? Erst mal Kaffee und Kuchen, Waffeln mit Kirschen und einem Berg Schlagsahne obendrauf. Das hebt die Laune. Jetzt können wir die vorbeirollenden Holländer genießen. Oder sollte man Niederländer sagen? Das kriegen wir später. Auf jeden Fall gibt es viele Arten, das Hollandrad zu fahren. In Deutschland kann man so ein Modell einem Teenager wohl kaum zumuten, hier benutzen es alle Altersgruppen, mal lässig, mal locker, bestimmt, aufgestützt, sportlich, telefonierend, mit einer Zigarette im Mund.

Unser Hotel *De zwarte Ruiter* liegt an einer viel befahrenen Straße. Im Treppenhaus haben Handwerker ihr Werkzeug verteilt. Durch die alten Bleiglasfenster schauen wir auf die Roer, eine alte Steinbrücke, mit Blumen geschmückt, von Möwen umschwebt. Die Sonne kommt durch. Aus dem Nebenzimmer meldet sich eine Schlagbohrmaschine. Einmal, zweimal, dreimal, viermal. Neue Löcher für die größeren Bildschirme. Draußen hinter unserem Fenster die Niederländer, in kurzen Hosen und mit mehr Mut zur Farbe als die Leute jenseits der Grenze. Was doch ein paar Kilometer ausmachen. Und immer wieder Fahrräder im Bild: geparkt, gefahren, geschoben.

Im Bad ein extrem sympathisches Licht, das sich auf die Erscheinung im Spiegel auswirkt. Das ist Wellness für die Seele. An der Wand gegenüber vom Bett, wo ein hundertzwanzig Zentimeter breiter Monitor hängt, sieht man noch eine alte Schraube und dunkle Ränder, wahrscheinlich von einem Bild. Durch das lockere Gerede der Handwerker im Flur fühlen wir uns, als gehörten wir hier schon dazu.

Sie liegt entspannt auf dem Bett. Ein Summen. Mit dem Smartphone haben wir auch das Büro im Urlaub dabei. Komm, lass uns gehen, es ist noch nicht spät, wir erkunden die Stadt, den Marktplatz, den Fluss und die Brücken.
Neben dem alten Roermond, das wissen wir schon, gibt es ein riesiges Designer Outlet. Das müssen wir sehen. Nach einer halben Stunde haben wir uns in der künstlichen Kleinstadt hoffnungslos verlaufen. Weil wir gar nicht mehr wissen, aus welcher Richtung wir gekommen sind, stellt sich leichte Panik ein. So könnte ein Schauermärchen beginnen. Wir machen Pause. Orientieren! Die Sitzbänke sind so ausgerichtet, dass man immer in ein Schaufenster schaut. Seit langem habe ich nicht mehr so viele glückliche Menschen gesehen. Die globale Mittelschicht im Schnäppchenrausch. Ist Kaufen eine Droge? Wo gehen wir hin? *Ohne sorge, sei ohne sorge* wenn es dunkel und wenn es kalt wird *sei ohne sorge* aber *mit Musik ...*

Als wir in der Dämmerung durch die Stadt schlendern, gesteht sie mir, dass sie sich gewundert habe, dass es hier so viele Einrichtungsgeschäfte gebe und dass da manchmal auf eine groteske Art Leute drin sitzen. Bis ihr aufgegangen sei, dass viele Niederländer keine Vorhänge haben.

Wir nehmen noch ein Bierchen in der altmodischen Bar des Hotels.

Bildschirm und Fernbedienung. Wir haben die Wahl: Krimi oder Herzkino im Breitwandformat. Im Krimi taucht man in eine aufregende Welt ein, die sich plötzlich hinter den Kulissen des Alltags auftut, eine Welt aus Lüge und Schuld. Das sei die Wahrheit, sagen die Krimiautoren. Wenn es so richtig schlimm wird, sagt jemand: Schau mich an, los, schau mich an! Das ist der oder die, die meint zu wissen, wo es langgeht, oder jemand, der Macht über jemand anderen ausüben will. Auch in den Liebesfilmen rutscht der Alltag irgendwie weg. Hier drängt sich die Liebe zwischen die hochfliegenden Pläne, banalen Routinen und verhängnisvollen Selbstverleugnungen. Denn die Liebe ist die größte aller Wahrheiten. Schau mich an!

Stadt, Land, Fluss

Am Morgen Nebel. In unserem Hotel ist vieles alt und nur hier und da etwas neu. Noch lässt das Urlaubsgefühl auf sich warten. Entspannung funktioniert nicht per Knopfdruck oder Grenzübertritt. Beim Frühstück denke ich an ein Gespräch aus den letzten Tagen: Die 68er und ihre Werte seien zu einer kulturellen Hegemonie geworden, in der Identitäten konstruiert und ihre Bedeutungen festgelegt würden. Und die, die damit nichts anfangen können, würden sich bei den Rechten heimisch fühlen. Sind also die Linken schuld an den Rechten?

Im Radio läuft Donovan: *Universal Soldier.* Ein altmodischer Sender in einem Hotel mit dunklen Vertäfelungen und viel glänzendem Messing. Ohne ihn, singt Donovan, hätte Cesar dumm in der Gegend rumgestanden. Diese Neue Mitte, von der jetzt immer die Rede ist, denke ich, besteht aus denjenigen, die zuverlässig und fleißig mitmachen und gut dafür bezahlt werden. Alle reden von Rechtspopulisten. Sollte man nicht auch ab und zu von Mittepopulisten sprechen? Und von Liberalisierungs- und Deregulierungspopulisten, Globalisierungs-, Wachstums- und Leistungspopulisten, Schweine- und Autopopulisten?

Nach dem Frühstück müssen wir noch einmal kurz in unser virtuelles Büro. Alles gut. Dann schreiben wir die Zahlen der Knotenpunkte groß auf einen Zettel. So muss ich nicht dauernd die Brille rausholen. Als wir im Frühstücksraum bezahlen, läuft im Radio *Ruby Tuesday.*

Man kann der Welt nicht davonfahren. Beim Satteln der Räder hören wir, dass die britische Regierung entschieden hat, Julian Assange an die USA auszuliefern. Eineinhalb Jahre später wird der UN-Diplomat Nils Melzer Julian Assange in der britischen Haft besuchen. Der Wikileaks-Gründer sei in einem alarmierenden Gesundheitszustand, schwer traumatisiert, weise massive Angststörungen auf und habe dramatisch an Gewicht verloren.

In zwanzig Jahren Arbeit mit Opfern von Krieg, Gewalt und politischer Verfolgung, sagt Melzer, habe er noch nie erlebt, dass sich eine Gruppe demokratischer Staaten zusammenschließt, um eine einzelne Person so lange und unter so geringer Berücksichtigung der Menschenwürde und der Rechtsstaatlichkeit bewusst zu isolieren, zu verteufeln und zu missbrauchen. Die Vergewaltigungsvorwürfe in Schweden waren fingiert. Nach Aussagen der betroffenen Frau hat es nie eine Vergewaltigung gegeben. Die Aussage der Frau wurde im Nachhinein von der Stockholmer Polizei umgeschrieben.

Demokratie ist nicht die Herrschaft der Mehrheit, sondern eine Herrschaft, die auf Wahrheit, Gerechtigkeit und Diskussion beruht. Die Mehrheit zu haben, bedeutet noch nicht, das Recht auf seiner Seite zu haben. Die Pflicht des Bürgers, sagt Henry David Thoreau, ist es nicht, das Unrecht auszutilgen. Seine Pflicht ist es, sich nicht mit dem Unrecht einzulassen, es nicht praktisch zu unterstützen.
Klingt doch ganz einfach. Ein guter Moment, an Edward Snowden zu denken.

Direkt vor unserem Hotel führt ein Radweg vorbei. Als Deutscher ist man leicht am Fahrradhelm zu erkennen und an der eingeschüchterten Fahrweise. Wir rollen über die Maas, hinein in den kühlen Morgennebel und in ein Labyrinth aus Flussarmen, Seen, Kanälen. Die Niederlande wirken auf den ersten Blick wie ein harmloses flaches Land mit harmlosen Menschen. Heel, Wessem, Thorn. In diesen kleinen Orten scheint nichts zu passieren: Frauen schieben Kinderwagen. Die Straßenreinigung sorgt für Sauberkeit. Ab und zu eine Werbung für Handwerk oder Dienstleistungen. Ein Lieferant hält vor einem Haus, steigt aus, geht auf die Tür zu. Der Wagen einer Fahrschule rollt im Schritttempo um die Ecke. So fangen Krimis an, bei denen einem bald das Blut in den Adern gefriert.

Der Nebel verzieht sich und gleich wird es warm. Auf den Schildern lesen wir immer wieder: let op! Es gibt hier kaum einen Unterschied zwischen Stadt und Land. Eben noch Kühe auf den Wiesen, dann beginnt schon die Vorstadt. Man merkt auch gar nicht, dass man durch ein Steuerparadies fährt.

Wir schnappen ein neues Wort auf: krachtig. Das bedeutet kräftig, energisch, scharf. Gibt es vielleicht eine Formel, mit der man das Deutsche ins Niederländische übersetzten könnte? Krachtig optreten, krachtig von bouw. Das mag noch gehen. Aber: krachtig remmen?

Wir haben uns bei den Vrienden op de Fiets angemeldet, den Freunden des Fahrrads. Ein Verein, bei dem man für 10 Euro einen Katalog mit Adressen von Privatleuten bekommt, die Radfahrer und Wanderer für 22,50 Euro pro Person bei sich übernachten lassen, Frühstück inbegriffen!
Wir könnten kommen, sagt unser erster Vriend. Er sei ab fünf Uhr zu Hause. Zwischen Weert und Niederweert verwirren wir uns. Niederländisch: verwarren. Es ist ganz schön warm geworden. Ich spreche einen Einheimischen in einem Phantasieniederländisch an. Vielleicht, weil ich denke, dass man eine Sprache, die man

halbwegs verstehen auch halbwegs sprechen kann. Was für ein Irrtum. Der Mann schaut mich fragend an. Sie steht daneben und schüttelt genervt den Kopf.

Aber wir schaffen es. In Niederweert gibt es eine Eisdiele, die als eine der besten in den Niederlanden ausgezeichnet wurde. Das können wir uns nicht entgehen lassen.

Um Fünf stehen wir vor einem Backsteinhaus. Unser Gastgeber spricht gut Deutsch. Er spendiert uns ein eiskaltes Radler und erzählt, dass er irgendwas mit Baustellen macht und seine Frau Tierärztin ist. Sie würde nachher kommen, habe aber Bereitschaft. Er mache das mit den Vrienden schon eine ganze Weile. Nein, ums Geld geht es dabei nicht. Mit dem, was zusammenkommt, könne man selbst mal ein paar Tage wegfahren. Es kam auch schon vor, dass jemand mit dem Auto vorgefahren kam und mehr Geld für die Übernachtung geboten habe. Nein, das mache er nicht. Hier geht es doch um etwas anderes.

Sein Sohn sitzt am Computer und spielt online mit irgendwem ein aufregendes Spiel. Unser Gastgeber zeigt uns das Zimmer im ausgebauten Dachgeschoss Wir haben sogar ein eigenes Bad. Als wir später in das Städtchen gehen, um etwas zu essen, sagt er, die Tür sei offen bis zum Dunkelwerden. Dann müssten wir klingeln.

Schon seit einiger Zeit habe ich das Gefühl, dass es um mich herum ständig nach Kacke riecht. Ihr geht es genauso. Also bilden wir uns das wahrscheinlich nicht ein. Vielleicht liegt es am Wind, der Wetterlage. Als wir zurückkommen, sehen wir durch das Wohnzimmerfenster eine Frau, die auf einem Sofa liegt, Fernsehen schaut und einen erschöpften Eindruck macht. Der Junge sitzt noch immer vor dem Computer. Was wir zum Frühstück wollen, fragt der Herr des Hauses. Ach, sagen wir, von der Frage überrascht, ganz normal, Marmelade, Kaffee. Er könne auch Eier machen, und ob wir Wurst und Käse wollten, wir seien die Gäste.

Über das Land

Wir winken zum Abschied und fahren nach Norden in den Nebel hinein. Die Wege zwischen den Feldern sind eher Straßen. Darauf glänzende Lastwagen mit gewaltigen Aufbauten, die zu den großen Höfen fahren oder von dort kommen. Und Traktoren: Claas, Fendt, John Deere, Fendt, John Deere, John Deere, Claas, Fendt, Fendt. Ein Ausbund an Kraft und Eleganz.
Im Vorbeifahren sehen wir, dass einer der Lastwagen an ein großes Gebäude angedockt hat. Wir hören ein vielstimmiges lustiges Quieken. Klingt wie Schweine, die auf eine Urlaubsreise gehen und sich in den Shuttlebus zum Flughafen drängen. Jetzt fällt es uns wie Schuppen von den Augen: Hier heißt Tierärztin nicht niedliche Katzen, nette Ponys und junge Hunde wie in einer netten kleinen Praxis aus einer Vorabendserie. Hier geht es um Rinder, Schweine, Schafe und Hühner, in unglaublichen Mengen, bedroht von der Schweinepest, der Vogelgrippe und sonstigen pathologischen Zuständen. Zwei Jahre später werden wir uns fragen, ob wir nicht schon genauso leben.

Die Tiere sind da, überall, aber man sieht sie nicht. Da ist nur dieser Geruch.

Maisfelder ermüden. Dazwischen die Ställe, als hätte ein Monopolyspieler sie gleichmäßig in der Landschaft verteilt. Irgendwie möchte man gar nichts mehr essen. Der Nebel hat sich verzogen, die Wolken sind grau und bewegen sich kaum. Es ist schwül und kühl. Plötzlich, wie eine Erlösung in einem Traum, der voll und ganz aus grünen meterhohen toten Maispflanzen besteht, ein Lilienfeld. Rote Lilien. Ich halte an und schreibe. Erst jetzt wird deutlich, wie eintönig die letzten Stunden waren. Dass eine Farbe so intensiv sein kann. Als hätte van Gogh die Blumen hier hingemalt. Was für eine Energie, ich kann die Farbe mit dem ganzen Körper spüren. Sie will weiter. Moment, sage ich, sonst wird das nichts mit dem Nobelpreis.

Auf den Wiesen grasen Kühe. Am Zaun ein Schild: pas op – schrikdraad.

Die Landschaft wird wellig und sandig. Wie aus dem Nichts und aus einer anderen Zeit kommt uns ein Einspänner entgegen. Das Pferd läuft in leichtem Trab. Das Geräusch der Hufe auf dem Asphalt ist regelmäßig, aber lebendig. Wir fahren in ein Naturschutzgebiet. Die Somerense und die Stabrechtse Heide. Keine Autos mehr. Dafür Dünen, Heidekraut und Wald. Und da: Vogelgesang.

Sandwege und Fahrrad sind keine Liebesbeziehung. Die Sonne setzt sich durch. Wir rasten, setzen uns auf einen glatten, poliert aussehenden umgefallenen Baum. Der Himmel über uns ist endlos. Die Landschaft hat etwas Außerirdisches. Ja, es ist, als ob man auf einem fremden Planeten gelandet ist. Andere Farben, eine andere Stimmung. Alles wirkt tot und unbewegt, aber gleichzeitig auch so, als würde etwas zum Leben erwachen.

Ein paar Fakten: In den vergangenen hundertdreißig Jahren hat die Zahl der Falter in den Niederlanden um vierundachtzig Prozent abgenommen. Anfang des letzten Jahrhunderts bestanden vierzig Prozent der Niederlande aus Wiesenflächen, heute sind es noch drei. Im gleichen Zeitraum ist der Einsatz von Düngemitteln um das Dreißigfache gestiegen. Zudem produzieren die Schweine stickstoffhaltige Gülle. Der Stickstoff gelangt auch über die Luft in die Böden. Folge: immer weniger Wildkräuter, kaum noch Torfmoos, Heidekraut, Sonnentau und Wollgras.

Die Heide reicht bis an die Vororte von Eindhoven. Und die Vororte wachsen mit neuen Baugebieten in die Heide hinein. Wir haben alle Vrienden in Eindhoven abtelefoniert. Aber keinen erreicht. Scheinen tagsüber zu arbeiten, eine fleißige Stadt. Wir folgen einem Kanal Richtung Zentrum. Links von uns eine LKW-Fabrik, kilometerlang. DAF. Ich erinnere mich an den Anfang des Techno, Elektropunk: Schön und jung und stark, nimm dir was du willst, solange du noch kannst, verschwende deine Jugend. Ich erinnere mich. Auch an die verrückten Autos mit Variomatic-Getriebe, die rückwärts genau so schnell fahren konnten wie vorwärts.

In Eindhoven wird wahr, was uns Hollandkenner prophezeit haben: Da müsst ihr ein bisschen aufpassen! In den Städten sind die Radfahrer überall. Sie kommen von rechts, links, vorne, hinten und von der Seite. Und zwar schnell. Wir sind mental noch so langsam wie die Heide und die Vorstadt. Außerdem ist es wieder warm geworden. Vielleicht sind wir auch einfach fertig für heute. Das ist alles viel zu hektisch. Ein Kreisverkehr für Radfahrer. Und eine grüne Welle. Eine? Das ist Radfahren in einer anderen Dimension. Aber was nutzt einem das, wenn man nicht weiß, wo man hin will?
Wir entschließen uns für die Methode »Tourismusbüro«. Also zum Bahnhof. Auch hier ist alles in Bewegung. Junge Leute strömen von der Uni zu den Zügen und von den Zügen zur Uni. Auf Rädern und zu Fuß. Andere vom Bahnhof in die Stadt und hier hin und dort hin. Wir bekommen eine Liste mit Hotels. Viel fahren wollen wir nicht mehr. Also etwas im Zentrum. Wir rufen an. Ja, da wäre was frei, aber wir müssten über das Internet buchen. Ok. Aber dafür brauchen wir eine Kreditkarte. Wollte ich mir schon immer mal zulegen. Bei den drei anderen Hotels, die wir anrufen, kriegen wir die gleiche Antwort. Klingt nicht unbedingt nach radikaler Individualisierung. Oder doch? Je teurer das Handy des Nachfragers, desto höher der Preis des Zimmers. Fragt man mit der gleichen App wiederholt an, steigt der Preis ebenfalls, da der Anbieter davon ausgeht, dass man nichts anderes gefunden hat und befürchtet, dass das Zimmer später noch teurer werde. Dynamic Pricing.

Der Akku vom Handy ist fast leer. Eine leichte Verzweiflung kriecht in uns hoch. Es müsste doch möglich sein, einfach in ein Hotel hineinzugehen und dort an der Rezeption ein Zimmer zu mieten. Das erste ist ein unschönes, etwas gammliges Hochhaus. Auf unserer Liste kostet es achtundneunzig Euro. An der Rezeption ein smarter junger Mann. Ja, da ist was frei. Hundertfünfundvierzig, ohne Frühstück. Plus Stadtabgabe. Ich frage, warum das so viel teurer ist, als auf der Liste. Wenn wir das über eine Buchungsplattform machen, antwortet der junge Mann, kriegen wir es vielleicht für den anderen Preis. Ich sage, das müssten wir uns dann noch mal überlegen.

Langsam verstehen wir das System. Das Schnäppchengefühl gibt es für den reellen Preis. Einfach so frei und planlos in der Welt herum reisen, kann man nur gegen Aufpreis. Und eine Buchung über das Netz hat den Vorteil, dass sich der Betreiber keine Sorgen darüber machen muss, dass der junge Mann an der Rezeption Geld aus seinem Investment in die eigene Tasche umleiten könnte.

Wir gehen weiter. An der Ecke ist noch ein Hotel. Hier in der Stadt ist es richtig heiß. Wir sind erschöpft. Sie wartet bei den Rädern und ich gehe rein. Wieder so eine leicht heruntergekommene Atmosphäre. Die Rezeption ist unter einer Treppe. Eine junge Frau und ein junger Mann. Sie hätten was frei. Hundertein Euro. Frühstück fünfzehn Euro extra pro Person. Gut. Ohne Frühstück. Und die Fahrräder? Kein Problem. Die beiden wirken, als ständen sie unter Strom. Man kann körperlich spüren, dass ihnen der Besitzer des Hotels im Nacken sitzt. Hier geht es darum, mit wenig Personal soviel wie möglich rauszuholen. Er kriege dann hundert Euro Kaution und das Geld für das Zimmer. Die Kaution bitte in bar.

Ich gehe nach draußen und frage sie, ob sie noch Geld hat. Mir läuft der Schweiß. Ich muss mich konzentrieren. Ich bin misstrauisch. Das Unterzuckerproblem. Hier das Geld, die Quittung, die Kartenzahlung und ein Pass als Sicherheit. Großstadt, denke ich. Er würde uns jetzt zeigen, wo wir die Fahrräder abstellen können.
Wieder raus in die Hitze. Ein gammliger Durchgang zwischen den hohen Häusern wie aus einem amerikanischen Gangsterfilm. Hier würde ich bei Dunkelheit nicht langgehen. Auf einem der Hinterhöfe mit Hintereingang zu einem Restaurant sagt er, das wäre der Abstellplatz. Das meint er nicht ernst, sage ich. Er zuckt mit den Schultern. Als ich die Räder an einen Zaun ketten will, kommt jemand aus dem Restaurant und meckert. Der Zaun gehöre zum Restaurant. Wir sollen die Räder einfach auf den Parkplatz stellen. Bei dem Gedanken ist mir nicht wohl. Wenn die Räder weg sind, ist der Urlaub zu Ende.
Wir sind zu schlapp, um weiterzusuchen. Außerdem haben wir ja schon bezahlt. Wir satteln ab und lassen die Räder mit einem mulmigen Gefühl zurück. Er gibt uns einen Schlüssel. Den Lift bis in den vierten Stock, dann nach rechts und noch ein Treppe nach oben. Der Aufzug ist in psychedelischen Mustern gehalten. Die Wände im vierten Stock sind schwarz, die Böden aus hellem, frisch abgeschliffenen Holz. Das gibt Hoffnung. Wir suchen eine Weile nach dem richtigen Weg. Da ist das Zimmer. Sie schließt auf. Wir treten ein und merken sofort, dass etwas nicht stimmt. Das Zimmer ist groß, kahl und hat keine Fenster. Ein Gefühl wie in einem Sarg. Wir schauen uns an, drehen um und ziehen die Tür ins Schloss. Im Lift merke ich, wie in meiner Er-

schöpfung eine ganz ungute Wut hochkocht. Unten baue ich mich vor der Theke auf und frage, ob er wüsste, dass das Zimmer kein Fenster habe. Er antwortet, aber es sei groß. Alles klar. Geld zurück, die Kaution und auch das Geld für das Zimmer. In bar und zwar sofort. Und er solle mir nicht erzählen, er habe kein Bargeld. Aber man könne doch darüber reden. Er habe auch noch andere Zimmer, sagt er, mit Fenster. Ob er mich verarschen wolle. Über seine Stirn läuft der Schweiß. Er müsse … ja, das ausdrucken … hier unterschreiben, das Geld ...

Als wir bei den Fahrrädern sind und lustlos die Satteltaschen anhängen, ist meine Wut und das Adrenalin verflogen. Und nun? Es ist, als falle man durch ein Loch in eine noch größere Erschöpfung. Oder ist das schon Verzweiflung? Das darf doch alles nicht wahr sein. Vielleicht fahren wir einfach weiter, raus aus der Stadt. Und dann? In diesem Moment klingelt ihr Handy. Eine Frauenstimme. Ob wir schon eine Unterkunft gefunden haben. Wir hätten bei ihr angerufen, Vrienden op de Fiets. Sie habe zwar kein Zimmer, aber wir könnten im Wohnzimmer auf der Couch übernachten. Sie würde gerade kochen, ob wir Paella mögen.

Ein Wunder. Mit der Kommerzialisierung wächst das Nicht-Kommerzielle auch. Jetzt müssen wir nur noch die Adresse finden. Damit wir nicht noch auf den letzten Kilometern einen Unfall bauen, gehen wir erst mal was trinken. Etwas, bei dem die Ernährungsampel wegen des vielen Zuckers dunkelrot leuchtet.

Was auf der Karte wie ein Katzensprung aussah, entpuppt sich als eine fast einstündige Fahrt. Zuerst müssen wir mit den Fahrradschnellstraßen und Unterführungen zwischen Bahnhof und Universität klar kommen, dahinter ein paar Businessbauten, Ausfallstraßen durch eine endlose Vorstadt aus Reihenhäusern. Aber wir haben ein Ziel, es gibt etwas zu essen und ein Bett. Wir kurven durch ruhige Straßen, Häuser mit Vorgärten. Da, das muss es sein! Wild wuchernde Pflanzen vor dem Wohnzimmerfenster. Die Tür geht auf. Er sei Ricardo, Sandra, mit der wir telefoniert haben, ist noch im Fitness-Studio. Bringt die Fahrräder lieber mit rein, wir stellen sie hinten in den Garten. Ricardo ist aus Suriname und spricht Deutsch. Wie sich später herausstellt, verbirgt sich dahinter eine lange Geschichte. Wir bugsieren die Räder durch das Wohnzimmer und die Küche in den hinteren Garten. Wir stehen in einem Dschungel. Ob wir was trinken wollen. Oder lieber gleich duschen.

Im Wohnzimmer sitzt Toto, ein schwarzweißer Kater und schaut uns interessiert an. Als ich aus der Dusche komme und die Treppe ins Erdgeschoss runtergehe, kommt Sandra nach Hause. Sie habe noch eingekauft, sagt sie auf englisch. Es gehe gleich los mit dem Kochen. Es tue ihr leid, dass wir auf der Couch schlafen müssen, aber die könne man ausklappen. Die anderen Zimmer habe sie schon an Studenten vermietet.

Ricardo möchte uns sein Studio in der Gartenlaube zeigen. Er sei Schlagzeuger und am Samstag habe er einen Auftritt mit seiner Reggae-Band. Das sei ein elektronisches Schlagzeug. Ob ich mal ausprobieren wolle? Na klar.

Die Paella ist fertig. Wir sitzen im Garten, reihum erzählt jeder etwas aus seinem Leben. Sie arbeite als Modell für Maler. Früher habe sie etwas anderes gemacht, etwas ganz normales. Aber das sei ihr total auf die Nerven gegangen. Ein ganzes Leben so zu arbeiten, dass kann doch kein vernünftiger Mensch ertragen. Wie aus dem Nichts sagt Sandra zu mir, ich solle nicht so viel denken. Ich solle etwas Kreatives machen mit meinen Händen.
Sie habe uns angerufen, weil sie gedacht habe, dass es für uns vielleicht schwer sein würde, hier etwas zu finden. Schön, dass das so gut gepasst hat. Eindhoven ist für synthetische Drogen das, was Amsterdam für Gras und Haschisch ist. Am Nachbarhaus gab es einen gewaltigen Schaden. An der Ecke, am Haus an der Durchgangsstraße, ging eines Tages die elektrische Versorgung nicht mehr. Die Handwerker haben festgestellt, dass alle Kabel, die ins Haus führen, kaputt waren, von irgend etwas zerfressen. Sie gehen davon aus, dass irgendwelche Drogenproduzenten ihre Abfälle neben der Straße an die Hauswand gekippt haben. Und die haben die Leitungen aufgelöst. Ein Schaden von zehntausend Euro. Wenn ihnen das passieren würde, wären sie pleite, dann müssten sie das Haus verkaufen.
Wie wir die Niederlande finden?
Die Leute sind freundlich. Aber das mit der Landwirtschaft ist etwas gewöhnungsbedürftig. Ja, antwortet sie, Limburg ist Rinderland, Brabant eine Schweineprovinz.
Sie klappt die Couch zu einem Doppelbett aus und besprüht es mit einem Aroma für gute Träume. Links vom Bett steht eine betende Madonna, rechts ein Buddha. Toto schaut noch mal vorbei. Als wir uns hingelegt

haben, geht die Haustür auf. Einer der Studenten. Er sagt Hallo und geht in die Küche, um sich etwas zu essen zu machen. Zu seinem Geklapper und Geklimper schlafen wir ein.

Los jetzt, ans Meer!

Ricardo hat das Frühstück gemacht. Noch eine Tasse Kaffee im Stehen, dann muss er los. Sandra zeigt uns Fotos. Sie habe erst vor kurzem damit angefangen. Das mit dem Modellstehen gehe ja nicht mehr ewig. Hier, die könnten wir haben. Zwei Fotos von Eindhoven, das durch lange Belichtung zu einer abstrakten Schönheit wird. Sorgsam packen wir die Bilder ein. Dann sucht uns Sandra eine Strecke aus, schreibt die Nummern auf und wünscht uns viel Glück.

Ein grauer Morgen. Bisher haben alle Tage so begonnen. Es ist frisch. Und es regnet ganz leicht. Aus einer Stadt rauszukommen, ist oft schwieriger, als reinzukommen. Eine kurvige, unübersichtliche Vorstadt. Ein Himmel ohne Sonne. Kein Schatten, an dem man sich orientieren könnte. Drei Radwege zur Auswahl, eine Autobahn. Über- und Unterführungen. Ein kleiner Badesee, das sieht gut aus. An einem Kanal unter einer anderen Autobahn hindurch, bis der Wilhelminakanaal auf den Beatrixkanaal trifft. Das stimmt. Wir sind jetzt genau hier, auf der Karte und in der Realität.

Am Stadtrand halten wir noch einmal kurz an. Meat Friends. Als Schwein möchte man diesen Freunden wahrscheinlich nicht unbedingt begegnen. Aber was zählt schon der Wille eines Schweins. Das Firmenschild verrät, dass hier ein Schlachthaus steht. Gigantisch. Das Gelände ist dezent abgeschottet. Könnte auch etwas anderes sein. Ein Möbelhersteller oder ein Versandhaus. Man hört nichts, man spürt nichts. Man riecht nichts. Und doch müssen da hinter den Mauern in einem bestialischen Dunst ein paar von den fast zwölf Millionen Schweinen sein, die jährlich in den Niederlanden geschlachtet und verarbeitet werden. Zweitausend pro Quadratkilometer. Deutschland produziert siebenundzwanzig Millionen Schweine. Mittlerweile beträgt der Verbrauch weltweit hundertzwanzig Millionen Tonnen.

Das Wort des Tages lautet »verkocht«. Es steht auf Schildern vor Wohnhäusern und Geschäftsimmobilien.

Immer am Kanal entlang. In Oirschot machen wir Pause. Eine kleine, idyllisch wirkende Stadt. In der Bäckerei schmiert uns der Bäcker zwei Käsebrötchen. Es hat aufgehört zu tröpfeln. Wir setzen uns auf den Marktplatz. Backstein beruhigt. Kleinere und größere Lieferwagen kommen, bringen Nahrungsmittel für die Restaurants, den Supermarkt, die Metzgereien und fahren wieder. Über das Kopfsteinpflaster rollen wir aus der Stadt heraus in die Landschaft.
Aber was ist das für eine Landschaft? Wo ist in den Niederlanden das Land, wo beginnen und wo enden die Städte? Rechts und links flache Felder. Höfe, Ställe. Ein Schmetterling, ein einmaliges Erlebnis. Das mit dem Entspannen kommt nicht so richtig in Gang. Liegt es an der Geschäftigkeit um uns herum?

Let op!
Rechts gaat voor!
Omleiding.

Sie fragt mich, warum wir eigentlich in einer Gegend herumfahren, wo es ständig stinkt und man Angst haben muss, von einem dieser gigantischen Treckerreifen platt gerollt zu werden.
Unter Erholung im Urlaub, antworte ich, versteht jeder etwas anderes. Für die einen ist sie die Fortsetzung des Alltags, für die anderen ein Abenteuer.
Sie habe jetzt eigentlich genug von diesem Abenteuer. Sie habe das Gefühl, immer mittendrin zu sein. Aber in Urlaub fahre man doch, um weg zu sein und Abstand zu haben.
Vielleicht, setze ich meinen Gedanken fort, kann man sich im Urlaub nur erholen, wenn man es auch im Alltag kann.
Sie bremst und schaut mich wütend an. Dann wechselt ihr Ausdruck, als wolle sie sagen, sie habe ja schon immer gewusst, dass bei mir eine Schraube locker sei. Gib mal die Karte! Nach einer Weile tippt sie mit dem Finger auf einen Ort: Hier! Ich schlage vor, wir fahren bis Tilburg und nehmen den Zug bis Bergen ob Zoom, dann sind wir schon mal am Meer.

Tilburg: Die Gegend um den Bahnhof ist eine Baustelle und der Fahrkartenschalter so gut hinter Bauzäunen versteckt, dass wir eine halbe Stunde brauchen, um ihn zu finden. Die Tageskarte fürs Fahrrad kostet sechs Euro zwanzig, in jeder Art von Zug. Das Liniennetz der Niederlande sieht aus wie das einer Großstadt. Die Züge fahren alle zwanzig Minuten. Einen Fahrplan braucht man hier eigentlich nicht.

Zugfahren ist eine gute Gelegenheit, um nachzudenken. Man sitzt bequem und die Welt zieht hinter dem Fenster vorbei. Wie kann es sein, dass es so ist, wie es ist? Und was haben wir damit zu tun? Ich meine zum Beispiel, diese Form der Landwirtschaft. Wie konnte es so weit kommen? Wer plant das? Wer setzt es in die Tat um? Wer betreibt so eine Schweinezucht und solche Schlachthöfe? Verbirgt sich dahinter eine Krankheit? Oder vorsätzliche Destruktivität?

2019 werden die Niederlande auf den Autobahnen Tempo hundert einführen. Klimaschutz? Das wäre schön. Aber es geht um Stickstoff, die niederländische Stickstoffkrise. Emission über dem Grenzwert. Ursache: Schweinegülle. Als die Regierung ankündigt, den Viehbestand zu reduzieren, gehen die Bauern auf die Straße. Auch das Bauen scheint man nicht einschränken zu können. Also Tempolimit. Das reicht aus, um ganz knapp unter den Grenzwert zu kommen.

Wo ist eigentlich die gute alte Idee des Aussteigens geblieben? Sechziger und siebziger Jahre, grüne Fundamentalisten in Landkommunen, die ausgelacht wurden als weltfremde Spinner, als sie mit ihren kleinen schorfigen Bioäpfeln auf den Wochenmärkten auftauchten. Wer aussteigen will, braucht ein Außen, aber das, heißt es, gebe es nicht mehr. Ist das nur ein Irrtum oder der Teil einer Ideologie?

Bergen op Zoom. Noch sind wir in Nordbrabant. Aber wie der Name der Stadt sagt, am äußersten Rand, am Saum. Da wir hier eher überraschend gelandet sind, versuchen wir keinen Vriend zu erreichen. Es ist schon Nachmittag. Außerdem wollen wir zwei Tage bleiben. Also fahren wir ins Zentrum, suchen das Haus mit dem dreifachen V, Vereniging voor Vreemdelingenverkeer, ein Hotel bitte, alles klar, und dann erst mal duschen.

Essen wäre jetzt gut. Wir bummeln in die Stadt. Der Ort hat etwas beruhigend Provinzielles. Enge Straßen, zufriedene Leute, frisch gestrichene Häuser. Der Große Markt mit dem bulligen Turm der Gertrudiskirche, der im Volksmund Pfeffermühle heißt. Geschäfte, Hotels und Restaurants. Mittleres bis gehobenes Niveau. Für uns, die wir aus Deutschland, also einem Niedriglohnland kommen, ist das hier alles nicht ganz billig. Mit Pizza, kommen wir überein, kann man nicht viel falsch machen. Dazu Bier. Das ist in Ordnung. Oder?
Zwei Tage in der Industrielandwirtschaft. Das lässt sich nicht einfach so abschütteln: Masse und Effizienz, der Anbau, die Tierhaltung, die Architektur in den Dörfern, die Infrastruktur, der Güllegeruch. Und hier soll dann etwas ganz Besonderes, etwas möglichst Unverwechselbares, ja am besten etwas Einzigartiges auf dem Teller liegen, für ein touristisches Erlebnis mit einem authentischen und regionalen Charakter. Daneben ein Bier, wie es sonst nirgendwo anders eins gibt. Vielleicht wissen die Städter und die Touristen nicht, was da auf dem Land so alles passiert. Oder leben wir in einem Alptraum? Einem immer schlimmer werdenden Alptraum aus Anpassung und Opportunismus?

Nach dem Essen gehen wir noch etwas spazieren. Ach, da! Das Meer! Sonnenuntergang! Lichte, leichte Luft, goldgestreifte ... Nun gut, das Meer ist hier ein Teil der Schelde und durch einen Damm von der Nordsee getrennt, das Markiezaatsmeer, ein Süßwassergebiet. Doch nach so viel bewirtschaftetem Land tut diese Offenheit und Leere einfach nur gut. Die Augen stellen sich auf unendlich ein. Es ist Zeit, mit dem Schreiben eine Weile aufzuhören.

In Bergen und um Bergen herum

Freitag. Zum Frühstücken gehen wir in die Stadt. Noch keine Spur von Touristen. Der Große Markt steht voller Lieferwagen. Da sind wahrscheinlich ein paar Teile von den fröhlich quiekenden Schweinchen drin. Wir finden ein Café im Stil der achtziger Jahre. Eher eine sachliche, robuste Atmosphäre, aber immerhin eine richtige Konditorei.

Was wir in den Niederlanden noch gar nicht gesehen haben, ist Coffee to go.

Bergen op Zoom scheint ein Städtchen für Kunsthandwerk, Mode und Design zu sein. Man kann schlendern und schauen. Wir holen die Räder aus der Hotelgarage und machen einen Ausflug nach Norden. An der Küste hinter der Altstadt liegt ein ordentliches Industriegebiet. Mit Rückenwind zu fahren hat interessante sinnliche Effekte. Man spürt den Wind nicht, weil er so schnell ist, wie man fährt. Und man hört ihn nicht. Die Radfahrer, die einem entgegenkommen, führen völlig unverständliche verzweifelte Verrenkungen aus. Da sie trotz ihrer Anstrengungen fast zu stehen scheinen, wirken sie grotesk und lächerlich für die, die mit Rückenwind fahren, ohne es wirklich zu merken.

Macht der Wind ein Geräusch? Oder entsteht das Geräusch durch all das, was nicht der Wind ist?

Nach dem Ausflug zappe ich auf dem Bett liegend durchs Nachmittagsprogramm. Lauter Ich-will-sowas-auch-haben-Sendungen. Sie sucht nach einer Übernachtungsmöglichkeit. Aber am Wochenende scheint es auf ganz Zuid-Beveland kein freies Bett zu geben. Wir verschieben die Weiterreise um einen Tag.

Samstag. Ausflug nach Süden. Mais, Mais, Kartoffeln. Immer wieder Denkmäler für den zweiten Weltkrieg. Hier an diesen Hügeln verlief eine Front. In einem Dorf eine Parade aus Oldtimer-Traktoren. Und Gegenwind. Wenn man aufgrund von Erschöpfung, Unterzucker und unerwarteten Steigungen einen emotionalen Tiefpunkt erreicht und dann mit dem Niederländischen konfrontiert wird, kann es sein, dass man innerlich ungehalten wird: Warum können die nicht richtig sprechen? Es ist doch klar, dass sie das könnten. Aber sie wollen es nicht. Vielleicht, um einen zu ärgern, weil man Deutscher ist. Wenn man etwas gegessen und getrunken hat, klingt die Sprache wieder ganz lustig. Das Sein, das Essen und das Bewusstsein.

Nach Zeeland

Sonntag, grau in grau. Auf der Suche nach einem Frühstück und Briefmarken für Ansichtskarten finden wir ein neues Wort: »fietsrekken«. Da es so schwer ist, Briefmarken zu finden, entwickle ich einen Groll auf diejenigen, an die wir die Karten schicken wollen. Gut, dass wir sie schon geschrieben haben.

Frühstück an der Strandpromenade. Unter den Sonnenschirmen ist der Wind ein leises Geräusch: das Flattern der Bänder am Pfosten.

Am Sonntag ist für die Niederländer Rennradtag. Achtung! Let op! Zum ersten Mal setzen wir unsere Helme auf. Oft trägt eine ganze Gruppe das gleiche Trikot. Das hat etwas von einem mechanischen Organismus, das Surren der Schaltungen, die synchronen Bewegungen, das einheitliche Tempo, das Atmen, das Treten: das Team.

Der Weg nach Zeeland ist erst einmal steil, dann hügelig rund, dann gewellt und schließlich flach. Dass es das alles gibt! Wir leben in einer phantastischen Welt! Der Himmel ist blau, das Schilf macht ein helles Geräusch, das nach etwas Trockenem klingt. Grillen und das dezente Pfeifen der Seevögel. Ein Moped knattert vorbei.
Von nun an fahren wir zwischen zwei Welten. Links die Schelde, auf der beeindruckende Containerschiffe von und nach Antwerpen unterwegs sind. Rechts Wiesen und Weiden, ab und zu Häuser. Der Wind schläft immer

wieder ein. Es wird warm. Die Wolken ziehen nördlich vor uns vorbei. Wir legen uns auf die Schräge des Deichs, sehen Antwerpen, die Schiffe, das Meer.

In Goes haben wir ein Bed-and-Breakfast gefunden. Die Frau sagte am Telefon, ihr Mann sei ab 20 Uhr zuhause. Da sie selbst nicht da sei, gebe es kein Frühstück. Die Sonne ist wieder verschwunden und es ist kühl. Wir haben noch zwei Stunden Zeit. Kirchgänger strömen im Sonntagsstaat aus der Messe. Auf dem Marktplatz von Goes stemmt sich ein Volksfest mit krachtiger, betont gut gelaunter Rockmusik gegen die zunehmende Kälte. Am Binnenhafen ein Restaurant. Drinnen ist alles voll. Wir setzen uns nach draußen, trinken Tee, bewundern die farbenfrohen Giebel der alten Häuser und schauen den Segelbooten zu, die gleichgültig auf den Wellen schaukeln.

Kurz nach acht stehen wir bei unserem Wirt vor der Tür. Mal sehen, ob er tatsächlich da ist. Wer hätte das gedacht: ein großer alter freundlicher Mann, der eine ganze Weile auf Niederländisch mit uns redet, bis er bemerkt, dass wir Deutsche sind. Es tue ihm leid, dass er kein Frühstück machen könne.
Unser Zimmer ist im ausgebauten Dachgeschoss. Wir richten uns ein. Es sieht aus, als ob hier früher die Kinder gewohnt hätten. Es klopft. Da steht unser Gastgeber mit zwei eiskalten Flaschen zuckersüßer Limonade. Es wird dunkel, wir duschen und gehen ins Bett.

Am Morgen redet unser Vermieter wieder Niederländisch mit uns. Wir reden Deutsch. Erst als wir schon auf

die Fahrräder steigen, sagt er, dass er ganz vergessen habe, dass wir Deutsche seien. Das sei nicht schlimm, antworten wir. Ja, vielleicht sei es sogar ganz gut.
Für die nächste Nacht haben wir eine Unterkunft bei einem Vriend in Domberg. Aber die ganze Strecke schaffen wir nicht. Wir fahren mit dem Zug nach Middelburg. Auf dem Großen Markt finde ich endlich Briefmarken. Wir suchen eine Weile nach einem Briefkasten und geben es dann auf.
Im 17. Jahrhundert, erfahren wir aus unterschiedlichen Quellen, sind hier die beiden Erzählungen entstanden, die wir heute Kapitalismus und Globalisierung nennen. Wir lassen den Markt auf uns wirken. Alles, was wir hier sehen, auch das gotische Rathaus, das in den Himmel strebt, wie ein Schloss aus Mittelerde, wurde 1940 zerstört.

Richtung Vlissingen rollen wir gemütlich an einem Kanal entlang. Nehmen noch einen Imbiss und kommen dann über die moderne Strandpromenade wieder an die Küste. Wir strampeln gegen den Wind. Nordsee, das ist ein nicht aufhörendes Rauschen und Flattern.
Es geht Richtung Zoutelande. Hier beginnen die Dünen. Gigantische, zehn, zwanzig Meter hohe Dünen, ein Gebirge mit einem grünen Fell, das vor dem Meer aufragt. In ihrem Windschatten ist es vollkommen still. Bei Ebbe werden die trockenen Sandkörner aufs Land geweht und bleiben an den kleinsten Hindernissen hängen. Jedes Sandkorn stößt, wenn es auf den Boden fällt, andere an, die dann vom Wind hochgerissen werden, bald wieder fallen, andere anstoßen, anheben und so weiter. Hinter dem Hindernis fallen sie im Windschatten herab. Die

Leeseite der Dünen verhält sich wie ein ganz normaler Sandberg. Auf der flachen Luvseite wird der Sand nach oben hin immer feiner. Was aber passiert, wenn all der Sand, den die Flüsse ins Meer tragen, verbaut worden ist?

Der Wind macht einen frei, denn wo Wind ist, ist auch Weite. Wir fahren über den Kamm einer Düne. Ein kleiner Sandsturm fegt uns beinah vom Rad.

Zon, Zee, Zand, Zout.
Pause. Wir liegen in der Sonne und schließen die Augen.
Hörst du das?
Dieses kleine Geräusch?
Ja, dieses kleine Geräusch.
Könnte der Sand sein.
Ja, der Sand, der über den Sand weht.

Was machen die Spatzen, wenn die Touristen weg sind? Vielleicht geht es ihnen wie uns nach Weihnachten. Naturdiät nach so vielen Keksen.

Man kann sich auch an Gegenwind gewöhnen. Er sagt dir, dass es dich gibt.

An der Spitze von Zeeland ändern wir die Richtung von West auf Nord. Der Seitenwind bewirkt eine gefährliche Krängung der Räder. Langsam schwenken wir nach Osten. Jetzt segeln wir auf dem Deich. Rückenwind und Fahrtwind heben sich auf. Um uns herum ist es plötzlich ganz still.

Domburg. Wochenmarkt. Die ganze Stadt total überlaufen. Es ist verboten, Fahrräder über den Markt zu schieben.

Ein Stadtplan wäre gut. Also ins VVV. Mittlerweile kann ich auf Niederländisch schon Guten Tag, Guten Appetit, Danke, Bitte und Auf Wiedersehen sagen.
Goedendag!
Die Frau hinter dem Tresen fragt, was ich will.
Ich kann kein Niederländisch, antworte ich.
Sie schaut mich an: Schade, eigentlich, dass die Deutschen kein Holländisch lernen.
Den Stadtplan kriege ich trotzdem.
Wissen Sie, wo hier ein Briefkasten ist?
Ja, aber das ist zu kompliziert. Legen Sie die Karten da hin. Ich gehe nachher zur Post.

Wir nähern uns unserer Unterkunft. Eine breite Straße, ein Kreisverkehr, ein Weg zwischen Bäumen hindurch. Als wir in das Wohngebiet einbiegen, kommt uns eine Frau auf dem Fahrrad entgegen und hält direkt vor uns an. Seid ihr meine Gäste?, fragt sie. Wir nicken. Sie komme gerade vom Einkaufen. Wir gehen ein paar Schritte zu einem großen Haus. Hier ist die Garage. Sie gibt uns auch einen Schlüssel für das Haus. An den Wänden überall Bilder, im ersten Stock ein Zimmer, unser Bad und ein Kühlschrank mit allen möglichen Getränken. Wir staunen nicht schlecht. Und da ist noch etwas in dem Haus. Eine Stimmung, als ob jemand fehlt.

Het is verboden te koken op de kammer.

Auf so einer Reise sieht man sich in vielen verschiedenen Spiegeln. In manchen sieht man sich gut. Manchmal, wenn das Licht von oben in einen ganz weißen Raum fällt oder wenn gnadenlose Lampen über dem Spiegel hängen, sieht man, was man eigentlich gar nicht sehen müsste. Was davon ist nun wahr?

Nach dem Duschen lümmeln wir ein wenig im Bett herum. In einer Zeitschrift finden wir unsere Vermieterin inmitten von lauter Künstlern. Wir verstehen, dass sie etwas mit der Schildersweek Domburg zu tun hat. Ein Festival, dass an eine Künstlerkolonie erinnert, zu der Piet Mondrian und Jan Toorop gehörten. Sie kamen hierher, auf der Suche nach dem speziellen Licht der Halbinsel Walcheren, mit ihren breiten weißen Sandstränden und dem weiten Himmel.

Unser Frühstück steht auf einem großen modernen Holztisch. Wir blicken in den Garten. Das Wetter, na ja. Im Hintergrund läuft Klaviermusik. Auf dem Tisch alles, was man so für ein ausgedehntes Frühstück braucht. Ja, sie habe mit der Schildersweek zu tun, ihr Mann habe sie organisiert, sei aber vor kurzem überraschend gestorben.
Sie fahre demnächst auch mit dem Rad in Urlaub und werde bei den Vrienden übernachten. Für sie als Alleinreisende ist ein Hotelzimmer noch teurer. Aber darum gehe es ja eigentlich gar nicht. Es ist einfach spannend, wen man kennen lernt. Wir reden noch eine Weile über dies und das, was wir so machen, wo wir herkommen, wo wir hinwollen.

Der Morgen ist herbstlich. So viel Himmel sehen wir sonst eher selten. Am Meer vor den Dünen unzählige, wie von einer Farbpalette gerutschte Strandhäuschen. In ihnen findet das Licht ein würdiges Gegenüber. Das ist der Strand von den Bildern aus den Kunstbüchern.

Wir fahren über einen Damm nach Noord-Beveland, links die offene See, rechts das Veerse Meer. Und dann kommt etwas Gigantisches auf uns zu: der Oosterscheldekering. Wir sehen Wörter auf Schildern: Hoogwater. Bloedbank. Doch der Wind ist mit uns. Wir fahren auf einen Damm hinauf, ohne zu treten. Wie Drachen tauchen Windräder auf. Über unseren Köpfen rauschen die Schwerter durch die Luft und zischen wie Schlangen. Das ist der Moment, in dem man Don Quijote versteht. Die Möwen schweben still in der Luft, die Dünen ein grün gewelltes Hügelmeer. Hier endet das Land. Wir sind auf einer acht Kilometer langen Flutsperre. Das Delta-Werk! Der Wind kommt seitwärts von hinten, etwa auf acht Uhr. Treten müssen wir nicht mehr.

Als wir auf der anderen Seite ankommen, brauchen wir eine kleine Pause. Das war aufregend.
Während wir ausruhen, schnappen wir ein neues Wort auf: noodlottig. Haben die Niederländer absichtlich ein bisschen Spaß in ihre Sprache gebaut, damit auch schwere Worte leichter gehen?

Wir überqueren die nächste Insel und dann das Sturmwehr über das Grevelingenmeer. Das gleiche Spiel wie vorhin. Wir kommen richtig schnell voran. Um eine

Insel in der Mitte der Anlage schweben Kitesurfer. Wir surfen mit dem Rad. Ein ganz neues Fahrgefühl. Der Sand piekst im Gesicht und an den Beinen. Plötzlich setzt sie sich ab, wird immer schneller. Sie sitzt komisch auf dem Rad, den Hintern nur halb auf dem Sattel und den Oberkörper um fünfundvierzig Grad gedreht, wie ein Segel. Das kann ich auch. Und ab geht's! Kilometerweit. Windstärke vier oder fünf: riders on the storm.

Ouddorp ist alles andere als ein Dorf. Wir verheddern uns in den vielen Straßen. Aber irgendwo muss es doch sein, das alte Dorf.

Wir sind auf einem Bauernhof gelandet. Zur Straße das Wohnhaus und nach hinten ein Anbau am andern. Am großen Steinbogen im Erdgeschoss erkennt man die alte Scheune. Wir beziehen zwei Zimmer im ersten Stock. Einbauküche und Plüschsofa. Alles aus der Tiefe des letzten Jahrhunderts. Toilette auf dem Flur. Im Erdgeschoss, der ehemaligen Waschküche, ist eine Dusche, die an die Zeit erinnert, als die Küstenstädtchen noch nicht von einem Gürtel moderner Ferienhäuser umgeben waren. Stromkabel über Putz, Bakelitschalter. Ich stelle mir vor, wie der Bauer den Raum wie eine Schleuse benutzt: die dreckigen Sachen ausziehen, sich waschen und dann weiter in die Wohnung. So unterschiedlich wie unsere Gastgeber sind auch die Unterkünfte. Vielleicht sind sie sogar individuell.

Am Abend passiert etwas Merkwürdiges beim Essen. Ich trinke ein Bier und als ich mein Glas absetze, ist mir, als kippe ich mit der Bewegung nach vorn. Dann

dreht sich alles um mich herum. Ich muss mich an der Tischkante festhalten, sonst falle ich vom Stuhl. Sie schaut mich an, als ob nichts wäre. Merkt sie das nicht? Der ganze Raum dreht sich. Einen Moment lang weiß ich nicht, wo oben und wo unten ist. Dann wird mir schlecht. Aber das Drehen lässt nach, ganz langsam klingt es ab. Jetzt fragt sie, ob irgendwas ist. Ich kann nicht antworten. Ich habe Angst, dass das noch nicht alles war. Ich denke, es wäre am besten, wenn ich mich auf den Boden lege. Dann kann ich nicht vom Stuhl fallen. Aber was würden die anderen Gäste dazu sagen? Was einem alles durch den Kopf geht, bevor man umkippt. Mittlerweile schaut sie besorgt. Alles gut, sage ich. Mir war nur plötzlich schwindelig. Drehschwindel?, fragt sie. Keine Ahnung, sage ich. Ich wusste bisher nicht, dass es so was gibt.
Vielleicht, reime ich mir später zusammen, hatte der Schwindel etwas mit dem Seitenwind und dem stundenlangen Schrägstehen beim Fahren zu tun. Innenohr und so. Wie dem auch sei. Eine Erklärung beruhigt.

Durch das Tiefdruckgebiet

Manchmal werden die Gäste beim Frühstück mit klassischer Musik unterhalten. Heute sitzen die Großeltern auf einer Couch, nehmen ihre Tabletten, lauschen halb dem Vormittagsprogramm im Fernsehen und halb den Gesprächen am Esstisch.

Sie ist ein Organisationsgenie, multitasking. Nach dem Frühstück teilt sie mir mit, dass sie für Hoek van Holland eine Übernachtung klargemacht hat. Es regnet. Wir warten. Der Regen wird heller. Wir brechen auf. Die Feuchtigkeit und der Fahrtwind heben sich auf. Über das glänzende Pflaster rollen wir durch die Gassen von Goedereede, ein verschlafenes Dorf mit einer großen Vergangenheit. Irgendwann versandete der Hafen und damit der Handel, und der Ort fiel aus der Zeit heraus.

Wir fahren in einen anderen Hafen hinein, den von Rotterdam. Eine andere Welt: Lager, Tanks, Raffinerien und Straßen. Der Nieselregen wird stärker und der Wind nimmt zu. Auf einer Überführung sehen wir, dass eine Regenfront von Norden auf uns zukommt. Vor uns eine dunkelgraue Wolke, die nebelartig über das Meer schleift und sich langsam, aber unausweichlich nähert, ohne Anfang und ohne Ende. Als wir uns umdrehen, merken wir, dass wir schon mitten in der Regenfront drin sind. Um uns breite Straßen, kahle Dämme, Windräder, eine Brücke über eine Autobahn, auf der nur Lastwagen fahren. Kein Baum, kein Busch. Ein abweisendes, windiges Nichts.
Auf der Karte wirkt das alles viel kleiner. Schlecht abzuschätzen, wie lange wir noch bis zur Fähre brauchen. Zumindest gibt es auch hier einen sicheren Radweg. Die Trucks ziehen Wasserschleier hinter sich her. Lagerhallen ohne Vordächer. Containerterminal, eine eingezäunte Fläche, so groß wie zwanzig Fußballfelder: Container und Lastwagen. Hier regiert die Bewegung. Der Regen nimmt stetig zu, nicht dramatisch, aber es wird bald fürchterlich unangenehm werden. Was sollen wir machen in einer Gegend, die den Menschen außerhalb einer Maschine nicht vorsieht?

Neben dem Radweg steht ein kleines, unscheinbares Schild mit Messer und Gabel: Restaurant de Routiers. Fast haben wir es übersehen, sind schon daran vorbei. Ist das wahr oder eine Fata Morgana? Wir drehen um und verlassen den Radweg und rollen durch einen immer dichter werdenden Regen auf ein einsames Gebäude zu, das so abweisend aussieht, wie alles andere hier. Als wir näher kommen, sehen wir eine Tankstelle für die Lastwagen. Wir betreten eine Welt für Riesen, die nach Kraftstoff riecht und von Motorenlärm dröhnt, stellen unsere Räder unter das Dach bei den Zapfsäulen. Ein bisschen verloren wirken sie hier schon. Wir treten ein. Links geht es zu den Duschen, auf einem Schild, das ins Untergeschoss zeigt, erkennen wir eine Waschmaschine. Eine großzügige, moderne und trotzdem gemütliche Raststätte: Truckers Paradise, eine Männerwelt, in der es Kaffee gibt.

Es hört auf zu regnen, aber es ist kälter geworden. Wir umkurven den Europahafen Richtung Petroleumhafen. Rechts von uns Industrieanlagen, links von uns ein paar kleine Schiffe. An der Schnellfähre für die Pendler gibt es ein Wartehäuschen, wie an einer Bushaltestelle. Wir bugsieren die Räder auf den Ponton. Wenn ein Schiff vorbeifährt, bewegt sich der Boden. Das hebt die Stimmung.

Als sie ihr Rad an Bord festmacht, beeindruckt sie den Kapitän mit einem Seemannsknoten. Enkele Vaart vier Euro, Voltarief. Die Fähre steuert auf ihrem Weg nach Hoek van Holland noch ein paar Haltestellen an. Jetzt heißt es, sich konzentrieren und unsere Vrienden finden.

Es gibt Unterkünfte, in denen fühlt man sich zu Gast, in anderen ist man zu Hause. Hier ist alles so perfekt und sauber, dass man sich kaum traut, die Dusche zu benutzen. In Den Haag können wir keine Unterkunft finden. Unsere Gastgeberin nimmt uns zögernd für zwei Nächte auf.
In unserem Zimmer im zweiten Stock des Reihenhauses sieht es so aus, als wären die Möbel gestern gekauft und die Fototapete heute früh angeklebt worden. Es wirkt wie dekoriert. Nicht billig, aber wertlos. Acryl ist das neue Laminat. Von hier oben blicken wir über eine nicht enden wollende Fläche aus Gewächshäusern. Bisher haben wir viermal im Dachgeschoss übernachtet, einmal im Erdgeschoss. Zum Strand geht es bergauf. Im Windschatten der Dünen ein Restaurant mit deftigen Gerichten.

Unsere Gastgeberin erklärt uns beim Frühstück, wie wir mit dem Bus nach Den Haag kommen. Wir fahren durch Ortschaften, die wie Vorstädte aussehen. Aber nach der Vorstadt kommt keine Stadt, sondern eine neue Vorstadt. Über den Ort Monster lesen wir, dass sich hier eine Schwachstelle der niederländischen Küste befindet. Durch den steigenden Meeresspiegel wird es Probleme geben. Und im Bereich der Probleme liegt dann Den Haag.

Für eine europäische Hauptstadt wirkt das alles sehr entspannt. Der junge Mann im Touristenbüro bietet uns vier Sprachen an. Sie wollen bestimmt diese Frau sehen. Er deutet auf ein Plakat mit dem Titel Meisje met de parel. Wir haben gar nicht gewusst, dass sie in Den

Haag hängt. Es ist noch früh am Tag und kalt und windig. Also auf ins Museum.

Um uns herum das goldene Zeitalter der niederländischen Malerei. Stillleben, Brot, Käse, Fasane, Äpfel und Birnen. Wer macht heute noch Obst zum Thema von Kunst? Wilde Erdbeeren, als könnte man sie vom Bild pflücken, Stadtansichten wie für Postkarten entworfen, Schlittschuhläufer auf den zugefrorenen Grachten. Die Genrebilder von Jan Steen haben eine Tendenz zur Idylle. Rembrandts Selbstporträt als alter Mann. Da war er nur wenig älter als ich. Es scheint, als habe er sich im Verschwinden gemalt, nicht erschöpft, aber er weiß, wie es steht. Rote Schatten um die Nase und schwarze Andeutungen auf der Haut seines Gesichts, das langsam verschwimmt. Wie sauber dagegen Franz Hals seine reichen Auftraggeber darstellt. Bei den nicht so bekannten Kunden erlaubt er sich einen ironischen Zug. Der unbekannte lachende Junge ist reiner Ausdruck, der an die lachenden Jungen aller Zeiten erinnert. Oder ist das die Erinnerung an ein Kinderfoto von meinem Vater?
Oft sind die berühmten Bilder kleiner, als man sie sich vorstellt. Das Mädchen mit dem Perlenohrring ist vor lauter Bewunderern kaum zu sehen. Vier Glanzpunkte und ein Blick, der einen über dreihundertfünfzig Jahre hinweg erreicht. Dabei schaut sie gar nicht uns an, sondern den Maler. Vielleicht dachte der Maler dabei an uns.

Im Königspark ein Schild: Hondenpoep oprapen.

Die Niederländer, sagt sie, haben so etwas Energiegeladenes. Sie wirken nicht so verhärmt und angestrengt wie die Deutschen. Eigentlich noch so wie auf den Bildern: große Vitalität, wenig Zweifel. Sind die Bilder die Ursache für dieses Selbstbewusstsein?
Auf der Rückfahrt die Gewächshäuser, eine geometrische Landschaft aus Glas und Metall. Am Abend steht der Mond über den Dünen wie ein Vanillekipferl.

Der Anfang vom Ende des Urlaubs

Es gehe bei der Idee der Vrienden auch um eine nachhaltige Lebensführung, sagt unsere Gastgeberin beim Frühstück. Und darum, dass sich nicht alles ums Geld dreht, sondern um Vertrauen und Hilfsbereitschaft.

Am Morgen liegt auf den Dächern Tau. Kein Wind, keine Wolken. Als sei der September zum Stillstand gekommen. Der Himmel über Südholland ist weit. Wir winken zum Abschied.
Für uns wird es Zeit, an die Rückreise zu denken. Am Nachmittag werden wir in Delft sein und dann sehen wir weiter.

Am Lek entlang fahren wir Richtung Rotterdam. Ab und zu veranstalten wir ein Wettrennen mit einem der großen Schiffe. Maasluis ist ein Städtchen wie aus einem holländischen Bilderbuch. Grachten, ein kleiner Hafen. Plötzlich Musik. Auf dem Markt steht ein Mann mit einer Drehorgel. Wir setzen uns in die Musik, schauen auf eine von diesen Brücken, die man hochziehen kann, und bestellen Cappuccino. Die Seerosen blühen. Ein Bestattungswagen rollt vorbei, gefolgt von einem Lieferwagen mit der Aufschrift JEZUS LEEFT.

Holland, wie man es sich vorstellt. Kanäle und Wiesen, grün und blau. Ab und zu eine weiße Wolke, kaum ein Hauch: Über allen Kanälen ist Ruh, die Kühe kacken und weiden.

Jan Vermeer gilt in Holland als der Klassiker, der die greifbaren Dinge so hingegeben anschaute und im Bild gestalten konnte, dass im Alltäglichen das Ewige aufscheint. Sein Panorama »Gezicht op Delft« von 1661 wirkt wie das Porträt einer Stadt und einer Zeit. Links auf dem Bild sieht man zwei Türme. Kirchen, denkt man, oder das Rathaus. Doch der kleine Turm gehört zu einer Brauerei mit dem schönen Namen De Papegaai.

Das Radfahren in den Niederlanden hat etwas Tänzerisches. Alle Beteiligten, die Radfahrer, Autofahrer und Fußgänger, kennen ihren Raum und akzeptieren den Raum der anderen. In Deutschland fahren wir noch immer in Hierarchien.

Delft hat einen schiefen Turm und viele schiefe Häuser. Das Wasser in den Grachten ist vom heißen Sommer vor Algen ganz grün. Uns bleibt nur das Best-Western. In der Lobby zwischen schrankförmigen Rollkoffern aus aller Herren Länder erinnern wir uns an die vier oder fünf jungen Leute, die in Den Haag mit Pappschildern vor dem Parlament gegen den Klimawandel protestiert haben. Im engen Dachgeschosszimmer gibt es al-

lerhand Plastikbecher, Plastiktuben und eine Kaffeemaschine mit Aluminiumpads und Pappbechern.
Unser Zimmer hat keine Nummer, es heißt: Prinzessinnenturm. Ein optimistisches Versprechen. Durch den Namen des Zimmers sollen wir uns geadelt fühlen. Wir könnten das posten und einen Beweis für unsere Besonderheit erbringen. Was ändert sich, wenn das soziale Leben zu einem großen Teil in einem Massenmedium stattfindet? War das Leben in der vorindustriellen Zeit nicht wesentlich individueller? Ein Leben in einer für uns beängstigenden Weite und Unberechenbarkeit.

Wir wollen früh los. Das Frühstück ist gemessen am Preis eine Frechheit und gemessen an einem vernünftigen Verhältnis zur Welt ein Verbrechen. Marmelade als Plastikevent, Margarine- und Butterstückchen einzeln verpackt, Milch portioniert, Müsli eingeschweißt, und Joghurt im Becher. Die Brötchen wurden gebacken, dann tiefgefroren und wieder aufgewärmt: effizient, geschmacksarm, lieblos. Für das gesamte Frühstück ist eine einzige Frau zuständig.

Zum Abschied von Delft drehen wir eine Runde durch die schläfrige Stadt. Es müsste doch möglich sein, einen tieferen Eindruck von hier mitzunehmen. Der Besitzer des Restaurants, in dem wir gestern gegessen haben, sitzt auf dem Großen Markt und trinkt Kaffee. Wohin soll ein Tourismus denn führen, bei dem es darum geht, dass alle alles unbedingt mal gesehen haben müssen. Delft ist ein Produkt, eine Marke, etwas, das man konsumiert. Und doch stellt sich eine Frage: Warum reist man dafür ins Mittelalter, in die Renaissance, ins Ba-

rock? Was hofft man dort jenseits der kataloghaften Sehenswürdigkeiten zu erleben oder zu erfahren? Eine Welt, die noch zu verstehen war?
In den Niederlanden und vor allem in Delft kann man bis in die Anfänge des Kapitalismus und der Globalisierung zurückschauen. Geprägt von dieser Vergangenheit betrachten wir, was uns geprägt hat.

Noch einmal der Fluss im September

Wir sind mit dem Zug nach Roermond gefahren. Hier klingt das Niederländische weicher und melodischer, als wäre es ans Französische angelehnt. Verrassen, das nur nebenbei, heißt überraschen. Unser Gastgeber sagt, dass die Brabanter meinen, die Limburger seien Belgier, die ein schlechtes Deutsch sprechen. Ja, mit den Outlet haben sie schon einiges erlebt. Viele Asiaten kommen hier mit leeren Koffern an und fahren mit vollen zurück. Die Verpackungen und Preisschilder lassen sie zurück, sonst kriegen sie zu Hause Ärger mit dem Zoll. Er habe sie auch schon gefragt, wie sie das sehen. Die Waren werden in China produziert und hier verkauft. Sie fliegen den Sachen hinterher, um sie hier zu kaufen und dann wieder mit nach China zu nehmen. Was bedeutet das für den Wert der in den Produkten steckenden Arbeit?

Beim Frühstück macht sie den Eindruck, als ob sie etwas belastet. Ach, nichts, antwortet sie auf meine Frage. Eine Antwort wie ein Alarmzeichen. Dann rückt sie damit heraus. Sie hat eine Mail bekommen, in der ihr mitgeteilt wird, dass die Zeitschrift, für die sie die letzten Jahre gearbeitet hat, verkauft wird. Die Angestellten werden entlassen und auf die Freien legt man keinen Wert mehr. Damit bricht die Hälfte ihrer Einnahmen weg. Das Prekäre wird noch ein wenig prekärer.

Aber noch sind wir hier. Ein Sommersonntag. Vor einem Coffeeshop stehen die deutschen Kunden Schlange. Wir fahren durch eine duftende Wolke, durch ein Gewerbegebiet und sind an der Maas. Gleich umgibt uns Stille. Man könnte meinen, der September sei einfach zu beschreiben: die Götter halten die Waage eine zögernde Stunde an. Der Himmel, das Licht, die Schwalben und wir. Der September hat etwas von Abschied. Er ist leicht und gleichzeitig spürt man, wie sich die Erde von der Sonne wegneigt. Anhalten, hinlegen, in den Himmel schauen. Langsam ziehen die Wolken. Nichts müssen, nichts wollen. Auf einer Fähre über den Fluss fahren, am Ufer sitzen und auf das Wasser schauen.

In Venlo treffen wir auf die deutsche Geschichte.
Über den Bahnhof patrouillieren Polizisten mit Hunden.
Unser Zug fährt ein.

Über den Autor

Frank Barsch, geboren in Helmstedt, ist Schriftsteller und Literaturwissenschaftler. Neben den Romanen *Schach* (1997, Elfenbein Verlag), *Am Anfang war die Nacht* (2015, draupadi Verlag), Hörspielen und Essays sind im Lothar Seidler Verlag die Reiseerzählungen *Alles denkbare Licht* (2012), der Gedichtband *Das Warten an Ampeln* (2016) und der Roman *Harry, der Sommer und ich* (2019) erschienen.

https://poetage.de

Weitere Bücher im Lothar Seidler Verlag

Frank Barsch
Harry, der Sommer und ich
Eine abenteuerliche Harzreise

Der Harz: Mythen, Hexen, Prominenz, ein romantisches Abenteuer. Das war schon zu Zeiten von Heinrich Heine so. Doch was kommt dabei heraus, wenn man Heines Erzählung und seine Sichtweise in die Gegenwart überträgt? Eine völlig verrückte Geschichte. Eine Reise, die sich beim Schreiben selbständig macht und zu einem Abenteuerroman emanzipiert. Einem Roman, in dessen Anspielungen, Satire und Ironie eine tiefere Bedeutung steckt.

Allgemeine Reihe
978-3-931382-65-0 / € 13,80

Frank Barsch
Alles denkbare Licht
Reiseerzählungen

Entspanntes Licht, Nachsaison. Der Oleander blüht und der Schatten trägt Früchte. Mit dem Sommer kann man ihr eine Freude bereiten.
Geschichten im Rhythmus des Unterwegsseins: ein Fluss aus Beobachtungen, Erlebnissen, Gefühlen und Gedanken.

Die Italien-Texte halten locker leichtfüßig den Vergleich mit jüngst erschienen Werken von Durs Grünbein und Ingo Schulze aus. Franz Schneider, *RNZ*

Allgemeine Reihe
978-3-931382-50-6 / € 12,80

Ingrid Samel
Julia am Eisenofen
Roman

Julia arbeitet in einer schwäbischen Molkerei mit Niederlassung in Bratislava, während ihr Mann, der Journalist Fredrick, um den beruflichen Aufstieg kämpft. Gelegenheit dazu bietet ihm ein Skandal bei Julias Arbeitgeber. Doch sie geht ohne Fredrick nach Bratislava, um die Filiale dort zu sanieren, und macht eine Entdeckung, die ihr Leben verändert.

Edition LitOff
978-3-931382-64-3 / € 13,80

Ulrich Pomplun
Die Sonne jenseits des Ozeans
Roman

1929: Während des großen Eisgangs auf dem Rhein verschwindet Justine, die Frau des Bankangestellten Alexander Kilian, spurlos. Als er einen Tipp bekommt, lässt er sich nach Berlin versetzen, um sie dort zu suchen. Immer wieder gerät er in seltsame und sogar bedrohliche Situationen. Ist das alles eine große Intrige? Oder nur ein dunkler Traum und am Ende siegt doch die Liebe? Ein Roman über die Unerklärlichkeit der Welt.

Edition LitOff
978-3-931382-67-4 / € 13,80

Frank Barsch
Das Warten an Ampeln
Poetage

Drei Streifengedichte und eine Poetage aus dem Hier und Jetzt, durchweg realistisch der Zeit entnommen. Zum Wiederfinden und neu Entdecken. Dem großen Transrealisten Olaf Bilius gewidmet.

Allgemeine Reihe
978-3-931382-60-5 / € 14,80

Elisabeth Singh-Noack
Lyrik Lunar
Mondgedichte

Für die einen ist der Mond ein geheimnisvoller, manchmal auch unheimlicher Sehnsuchtsort, für andere nur eine veränderliche Lichtquelle am Nachthimmel. Nur ganz wenige können sagen, sie waren schon dort. Die lyrischen Texte in diesem Buch von Elisabeth Singh-Noack nehmen Leser und Leserin mit auf eine besondere Mondreise und ermöglichen neue fantasievolle Betrachtungen.

Edition LitOff
978-3-931382-66-7 / € 9,90

Jancu Sinca
Der Untermieter
Eine Novelle

Manuel studiert und wohnt zur Untermiete. Als er den Eindruck gewinnt, dass seine Freundin mit dem Wohnungsinhaber eine Beziehung hat, gerät er in eine Krise und wechselt schließlich den Studienort. Während der Semesterferien arbeitet er dort als Nachtwächter in einem geheimnisvollen Gebäude, wo er seltsame Beobachtungen macht.

Neue Weißschwarze Reihe
978-3-931382-61-2 / € 11,80

Sven Iwertowski
Zimmerflucht
Fraktale Prosa im Gothic Stil

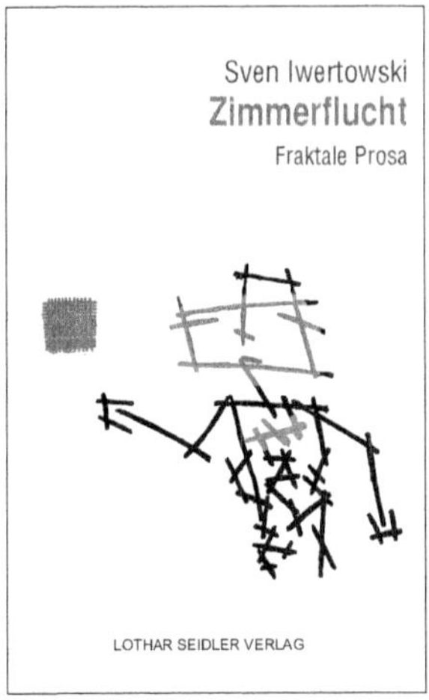

Zimmerflucht spiegelt die menschliche Gesellschaft in der literarischen Form des 21. Jahrhunderts. Eine Anstalt, die ihre Insassen umsorgt wie eine böse Mutter. Der Besucher wird durch Geisteskrankheiten geführt, die ihm vertraut und doch völlig unverständlich erscheinen. Mit jedem Patienten, mit jeder Erfahrung lernt der namenlose Besucher mehr über sich, bis er das Prinzip der Anstalt zu verstehen scheint. Dieses Buch soll beunruhigen.

Neue Weißschwarze Reihe
978-3-931382-42-1 / € 13,80

Olga Manj
Gedichte einer Ausstellung
Lyrik und Gemälde

Die Gedichte einer Ausstellung bieten einen Rundgang im multimedialen Museum. Auf hintergründige Weise sind die lyrischen Texte und die suggestiven Digital-Art-Gemälde der Autorin ineinander verwoben. So kann das Publikum auf einer Promenade durch fremdartige Kunsträume und Sinnfelder flanieren.

Edition LitOff
978-3-931382-63-6 / € 14,80